阳光教室系列
YANGGUANG JIAOSHI XILIE

U0675937

黄咏絮 ○著

有效学生训导70式

YOUXIAO XUESHENG

XUNDAO 70 SHI

四川教育出版社

图书在版编目（CIP）数据

有效学生训导 70 式/黄咏絮著. —成都：四川教育出版社，2013.6
（阳光教室系列）（2021 重印）
ISBN 978－7－5408－6329－6

Ⅰ. ①有… Ⅱ. ①黄… Ⅲ. ①中小学教育
Ⅳ. ①G63

中国版本图书馆 CIP 数据核字（2013）第 136390 号

责任编辑　万良华　赵　文
装帧设计　毕　生
责任印制　陈　庆　杨　军
出版发行　四川教育出版社
　　　　地　　址　成都市黄荆路 13 号
　　　　邮政编码　610225
　　　　网　　址　www.chuanjiaoshe.com
印　　刷　三河市明华印务有限公司
制　　作　成都完美科技有限责任公司
版　　次　2014 年 4 月第 1 版
印　　次　2021 年 6 月第 3 次印刷
成品规格　155mm×218mm
印　　张　10.5
书　　号　ISBN 978－7－5408－6329－6
定　　价　32.00 元

如发现印装质量问题，请与本社联系。电话：（028）86259359
营销电话：（028）86259605　邮购电话：（028）86259605
编辑部电话：（028）86259381

总 序

近年来，香港的学校，在不少教室中，长年累月是阴霾密布，充满着幽暗与郁闷，了无生气。

许多孩子厌恶上学，视为畏途。于是旷课、逃学或干脆辍学。至于肯回校上课的，不少是度日如年，无心向学而行为顽劣，结果是学习成效低下。老师不少亦厌恶和害怕上课的，他们自嘲为"四等"或"五等"教师，而教学成效恶劣，是极其自然的结果。为什么会有这些现象？背后是些什么原因？问题可以解决吗？还是学校生活根本就是如此灰暗可怕？我的回答是："不，这绝对不是必然的。"相反地，我们在不少学校中，每天可以看到教师和学生都含着盈盈笑意在教导和学习。在融洽亲切的智慧和心意交流中，课堂中充溢着阳光，亦即宝贵的生命之光。

同样是学校教育，为什么会出现如此截然不同的景象呢？"阳光教室系列"的创议和出版，正是回应上述种种问题。近年来学生问题出现恶化的现象，由于问题的根源复杂，不可单靠学校教育来解决。但我们深信，学校和教师，在青少年儿童的成长历程中，始终扮演着重要的角色。"阳光教室系列"的作者们尝试以教育和辅导的理论为基础，从学生、教师、家长等不同角度来探索种种课题和困难。他们带出一个重要的信念：教育工作的确是日益艰困；不过，倘若我们在留意课程、教学法、学校设备和校政之外，还为被忽略的"人"这一元素重新定位的话，教育仍然是有成效的。

"阳光教室系列"是一个上佳的名称。植物需要阳光才能长大。孩子在学校中，同样需要一个人性化而温暖的环境，才能有效和快乐地学习和成长。但遗憾的是，学校越来越像工厂的生产，而教育工作者有时居然会忘记了自己和学生都是有血有肉的人。

十年前，我的一位学生决定离开已任教七年的学校。她感慨地对我说："除了人与人的疏离和争斗之外，最近学校宣布，从下半年起，学生成绩册上的操行等第和评语，将一概由电脑处理。教师不必、亦无权过问。"她在许多教师雀跃于工作减轻的同时，只感觉到学校非人性化的环境越来越冰冷。十年后的今天，学校的科技设施有了更大的改进，可是教育工作者是否真的能善用科技？抑或会因此导致更多教育的危机？

事实已一再显示，当教育工作者视学校如工厂，忘记了教育是尊贵的人的事业时，很容易会偏离了正轨。"阳光教室系列"基本上没有什么"新意"，只是在作者们平实的表达和有理有情的笔触中，大家会发现三种教育最基本的理念：首先是"诚"，包括了教师对自己和对学生的一份诚意。其次是"信"，是对每一个学生独特性的尊重和接纳。第三是"心"，是指教师对教育工作的热爱和投入。总括以上三点，其实就是一种崇高而庄严的教育爱。

喜见"阳光教室系列"的出版，亦高兴于列位富有经验和学养的教育工作者参与这一项很有意义的工作。闭目遐想，我看见在阳光洒满一地的教室中，教师带着微笑兴致勃勃地带领着学生在研习。在学生充满好奇、盼望和兴趣的眼神中和偶尔迸发出的呐喊和笑声中，我欣然看到了跳跃的生命，也看到了生命与生命的交流。我深信此过程促进了生命的茁壮成长——包括了莘莘学子和春风化雨的良师，大家一同经历成长的满足和喜乐。

林孟平
（香港中文大学教育学院心理辅导学教授）

再版序

　　这一代的青少年所受的官能刺激是史无前例的。从家中的电视到房间的电脑，又从游戏机中心到手上的电子游戏机，他们都在追求官能的刺激，但这些刺激往往又是没有意识的。他们长久地在图像和信息中生活，他们的人际关系是疏离的，他们不擅长与人沟通。他们追求的是"青春"包装的有型、有 fell 的歌星偶像，并不介意他们的歌艺，更不在乎他们的道德操守。在这种环境中生长出来，其意志力哪有不薄弱之理。一旦遇上以上冲击，他们又怎能抵御呢？身为教育工作者的我们，面对这样的一代青少年，我们更需要关心他们，更需要进入他们的内心世界去了解他们。

　　我多年来在中学从事训导工作，最近十年从事行政工作，从未遇到过这一代青少年给我们带来的如此大的挑战。近年很多中学以"训、辅"结合来处理青少年的行为情绪问题。如何进入青少年的内心世界去了解他们、聆听他们的心声？训导工作除了学校的整体性纪律的问题外，更重要的是渗入真诚、同感和接纳等要素，与学生接触，用生命影响生命。在从事训导工作的同时，更要灌输价值教育，如此才可以引导青少年走他们应走的路。以上是我在本书再版时的一些感言及补充。

　　回想自本书出版以来，本港的社会有了不少的变化，如亚洲金融风暴、九一一事件，及 SARS 疫情，令香港经济遭遇前所未有的困难。失业率上升，消费疲弱，一些成年人不堪失业、破产，面对前景没有出路等种种压力之下，选择自杀来解决问题。青少年面对以上种种因素，亦同样受到不同程度的影响：父母失业、家庭经济困难，或因疫症而丧失亲人，或面对学业而感到压力重重，或感到前途茫茫。我觉得"训、辅"结合更有其迫切性。

最后，我借着本书再版的机会，感谢无论是本港或台湾教育界前辈贤达的支持和爱戴，亦感谢香港教育图书公司、商务印书馆及稻田出版有限公司的鼎力扶持与推广。

黄咏絮

自序

现今的青少年比往昔的聪明伶俐、思想敏捷、行动机灵；但是他们亦相对较成熟、反叛、自我和顽劣，使不少家长、教师和社工大感困惑，面对这一代未来社会栋梁，很多时候真的不知道从何着手。在香港的中学里，处理青少年行为问题的重责，大多落在训导和辅导两个组别身上。早期的中学，训导组在行政上的地位可说是"艳压群芳"，凌驾在其他组别之上。处理学生行为问题的手法，以权威式和高压式为主，学生多是慑服在训导老师的威严之下。不过，近年的处理手法已渐趋向辅导取向了，在处理学生的行为问题前，训导老师多注重与学生建立良好的关系；在处理过程中也渗入了尊重、接纳等态度。

我在中学教育界多年来从事训导的工作，曾面对不少行为顽劣的青少年，期间，我也曾经历过无能为力及心灰意冷的时候。时代不断进步和变迁，青少年的行为亦变得复杂及难于理解，身为训导老师的我，亦不得不装备自己，应付这个潮流的大挑战。在修读香港中文大学教育硕士的辅导课程后，我尝试将有关理论与多年来的训导经验结合，发觉其实每个学生都有其可塑性及善良的一面。与学生接触时，只要我们尊重他们个别的独特性，并渗入真诚、同感和接纳等要素，便可减少与他们的冲突，整个处理过程也会变得顺畅。虽然，偶尔仍会碰上一些困难，但总的来说，用辅导取向来处理训导问题，确是较有效果的。"有情训导"；是我现在和今后在训导工作上的"尚方宝剑"，借着它，来引导青少年走他们当走的路。

　　本书辑录的七十篇杂文，记录了我在训导工作上的感受，也记录了从学校行政的角度，我怎样看训导与辅导的协调，学校与家长、教署和警署在处理学生行为问题上的矛盾、冲突和合作。借着这些文章，我希望可与各位教育同人分享一些处理学生行为问题的心得，也希望可引起大家的共鸣和反思。

黄咏絮

目录

1

VI　校内大联盟

I 上路的装备

感谢上苍，我是个老师！

我是个老师——

为此我每天感谢上苍，让我是个老师。

——约翰·史拉德

每年到四五月，学校内的不同组别都会为安排下一学年的工作而广发"英雄帖"，实行"威迫利诱"，务求得到贤能之士垂青，愿意入组效劳。云云科室之中，相信没有一个比训导组所得的回应更加"冷淡"的了。每当我邀请同事入组时，大家的答案都显得有点"公式"化，仿佛事前同念一份台词似的："训导的工作很难做，压力又大，你罚学生，学生总是不喜欢，对你产生敌意；加上现在社会人权意识高涨，稍一不慎，处理失当便会惹上麻烦。对不起，你还是找其他适合的人吧……"

去年，当我邀请历史科老师史 Sir 担任下一学年的训导工作时，他竟毫不犹豫地答应了。我当然很高兴，但同时也很奇怪，为什么他会如此爽快地答允接受这个"烫手山芋"呢？史 Sir 的理由是：教育是项回报率高、很值得投资的工作，因为我们是投资在很多青少年的身上，而这些青少年是未来社会的主人翁。当训导老师较其他老师有更多机会接触有行为问题的青少年，若果能将他们纳入正途，岂不是比教导一般青少年来得更有意义吗？训导的工作虽然辛苦兼压力大，但若能见到一个行为顽劣的学生，经过自己悉心培训和教导后，变成一个有用的人，那份成就感和满足感可以超越一切辛劳、压力，什么都值得付出了。所以，我愿意接受这项挑战。

听罢这小伙子的一席话后，他那种对人的尊重、那种委身于教育的专业精神，不期然使我对他肃然起敬。望着他的背影，我满足地、欣慰地笑了。

个人反省

* 你以身为老师为荣吗？

* 除了是一位学科老师外，你愿意成为一位训导老师吗？为什么？

具体实践

* 除了学科上与学生接触外，试着积极加入一个组别，增加认识学生的机会。

你的补充

驼鸟一族

我从未遭遇过失败，因我所碰到的都是暂时的挫折，我必定会超越它。

"资深"文学老师文 Sir，每逢遇到学生上课捣蛋时，必定会说："你们这帮人，根本就不是来读书的，教你们简直是浪费力气！什么九年免费教育，把这些读不了书的'箩底橙'强迫到学校来，让我怎么教？不准再吵！否则我叫训导老师来对付你们！"下课后，一进入教员室，他又会扯高嗓子地"畅所欲言"，将现今的学生问题统统归咎在家庭、教育制度及社会上，顿时化身成为一个"时事评论员"。

有一次，文 Sir 去听一个关于处理现今青少年问题的研讨会。当中，讲员曾提到作为老师，无论面对何等复杂和严重的学生问题，都应积极地设法突破一切限制，帮助学生。这时，文 Sir 再次发挥其"评论员"的本领，与另一位"知音"在台下不断低声地"唱双簧"："积极什么？你能做到什么？""是啊！唱高调，这是社会问题，不是我们的责任。""教署规定不准体罚、不准赶学生出校，大声骂又怕伤害他们的自尊心，你以为老师是神仙吗？""还有，多数父母都外出工作，根本无暇照料孩子，他们不坏才怪！""黄色书刊充斥市面，学生最易受影响。无论你教他们多少遍，也比不上传媒的一句话。"
"我不是不想教好他们，只是个人力量怎能与社会潮流抗衡？"就这样，他们在没有细听讲员片言只语的情况下，你一言、我一语地唱和着，直到研讨会结束为止。

这两位老师的"宏论"，可能正是不少同行的心声，但作为教育工作者，当面对困难时，是否应该只抱着消极的态度来做一只"驼鸟"？带领学生克服困难，不正是我们分内的工作吗？诚然，教育"顽童"这个重责实非单凭个人可一力承担，但作为老师的你，总不可将之推得一干二净吧！何况，站在教育下一代前线工作的你，认为自己有推卸的理由和余地吗？

与其怨天尤人，何不化被动为主动，集合众人之力，一起超越重重的限制呢？

个人反省

* 你曾否因学生受社会风气影响、抱有不正确的价值观而感到气馁？最后，你如何克服了这些困难？

具体实践

* 设法将不利因素转化成有利因素，例如与学生评论某部热门的电视剧，将传媒的影响力与你的教学工作配合。

你的补充

当我不存在

神在所行的无不公平，

在他一切所做的都有慈爱。

——《圣经·诗篇》

我校有些老师在无法控制课堂秩序时，总爱使出这招"杀着"："你们再闹，我叫姜Sir上来。""我不跟你说，我去叫姜Sir来。"看来，这位姜Sir在学生的心目中，可能只是"大恶人"一名，没什么正面的形象可言。

某日，学校举办"最受欢迎老师"选举，结果姜Sir是被列入最受学生欢迎的老师之一。对于这个选举结果，我全无半点诧异，因为在选举当天的第一个课间休息时，我在操场上听到部分学生对姜Sir的真情评价："我选了姜Sir，因为他够威严，在他面前没有人会做出违规的事。""我也是，因他处事公平、从不偏心，且教学认真及关心我们。特别令我佩服的，是从来没有人对他的判决及处罚感到不信服。""姜Sir还有一个优点，便是他虽然是训导老师，但从不大声责骂我们。""对！对！他不像其他训导老师那样只懂骂人，自以为了不起，从不尝试了解学生的想法！"

由此可见，向来形象不大讨好的训导老师，在学生心目中未必等同"不受欢迎人物"。身为训导老师，如果要学生"当你存在"，必先要做到友善而严谨，凡事以身作则；处理学生违规问题时，态度必须公正严明；处罚学生前，应先体察他们的感受及了解犯错的原因，千万不可但求"交差"，草草了事。

其实，学生的眼睛是雪亮的，他们很清楚谁是真正尊重自己、关心自己的"好老师"。

个人反省

* 你在学生心目中的地位怎样？他们怎样看你？
* 你在处理学生问题时，会否过严或过宽呢？

具体实践

* 要求学生"当你存在"之前，请先也当他们"存在"。

你的补充

"气"人"弃"语

他们胜利，只因不愿为挫败而气馁。

——傅比斯

　　中三 D 班是学校三十个班中学习动机最低、行为最顽劣的一班。除了部分教学经验丰富的"驯兽师"外，其他老师无一胆敢踏足这个教室，因为他们的基础很差，根本听不懂老师在说什么；而且又好发挥"合作精神"，成群结队挑战老师，以及说一些令人难堪的话干扰其他同学。班上的叫喊声及吵闹声此起彼落，令人连一分钟安静的时间也没有。"进入那个教室，简直是受罪！"这是老师们给中三 D 班的评价。

　　为了这个班，校方开了一次会议，共商良策。会议气氛异常热烈，英文老师率先发难："他们连 boy 和 girl 都不知道是什么，一见英文就怕，你叫我怎么教？"接着是数学老师："连一些浅易的数学观念也没有，怎么教？"科学老师也说："这班学生像野兽般，我一定不会让他们进入实验室上课的，否则谁负责他们的安全？"听着听着，我的心一直往下沉，难道这个班的孩子真的无药可救？

　　有一天，物理老师麦 Sir 召集其他"有心人"，再次进行多番讨论，而我也邀请社工加入，提供建议。结果，我们为中三 D 班度身制订了一套"我做得到"的计划：

一、职业辅导组为他们准备一些训练课程。

二、教务小组因应他们的学习水平，特别制定一套中、英、数课程。

三、辅导小组处理学生的社交及情绪等问题。

四、训导组加强到该班巡查，协助授课老师维持秩序。

五、加强木工、美术、体育等学科的教学，使他们对课堂产生兴趣，从而获得成就感。

六、正、副班主任不断接见家长，社工亦不断组织家长小组，教导家长如何教育子女。

七、当学生做出顽劣行为时，除了约见其家长外，老师在午餐或放学时间协助监管学生。

经过多方数个月的努力，中三D班的上课情形虽没有显著的改善，但也没有继续恶化，部分同学较以前用心听课。

个人反省

* 对于"事在人为"这句老生常谈，你能领悟多少呢？

* 当你在教学或处理学生问题遇到困难时，你曾想过放弃吗？

具体实践

* 遇到难以解决的问题时不要灰心，尝试多与身边的人分享你的苦处，从中一定可得到支持及解决的方法。

强权之下……

努力奋斗是每个人的责任，
我对这样的责任怀有一份舍我其谁的信念。

——亚伯拉罕·林肯

有一位多年从事训导工作的老师，某天独个儿呆坐在小食部，双目无神，脸色苍白，一脸无奈的表情。起初我以为他身体不适，一问才知道他是被一个学生的顽劣行为刺激成这样的。

午餐前的一课，有位老师向他投诉有一名学生在上课时，在书桌的抽屉内用打火机点燃一张小小的纸屑。这位训导老师得知后，便气愤地责骂该生，并立即通知家长，岂料那名学生竟全无半点惧色，反而"理直气壮"地质问老师："你为什么这样大声骂我？你都不问明原因！"听罢，老师简直气愤难平，喝道："你犯了事，还问我为什么骂你？我不但要骂你，还要记你过及停课三日！"犯事学生随即反驳："你知不知道我为什么这样做？某 Sir 上课时不由分说，骂我讲话、成绩差，又冤枉我生事。他这样伤我的自尊心，我才稍稍示威一下……"

这位训导老师已无耐心再听下去，说："总之你触犯了严重的校规，你讲什么也没用！你再讲，我就加重处分！"犯事学生亦不甘示弱，"义愤填膺"地说："罚就罚，总之我就不服！"

就这样，这位老师被气得目瞪口呆。从事了差不多十年训导工作的他，这次却感到束手无策。坐在餐桌前，他只有叹道："唉！怎么现在的学生变成这个模样？我以前那套'功夫'是否还用得着？是社会变了，学生变了？还是……"

是的，社会进步了，时代也变了，现在的学生和以前的相比确实有天壤之别。但扪心自问，我们曾否想过跳出以往的框框，力求突破自己呢？若不求改进，只满足于以前那套处理学生的方法，是否足够呢？孩子在成长阶段，不断受到社会潮流的冲击和影响，如果我们没有跟他们"一起成长"，结果不但徒劳，甚至只会令事情愈弄愈糟。

个人反省

* 近年你曾参加过什么训导或辅导的进修课程，使自己在处理学生问题上不断追求进步？

* 过去一年，你曾否从书刊或其他途径，对青少年心理及社会潮流、次文化等加深认识？

具体实践

* 尝试在今年内报读一至两门训导或辅导的进修课程。

你的补充

三 百秒的尊重

你要人怎样对你，
你就要怎样待人。

————《圣经·马太福音》

每天早会，全校学生都必须齐集在有盖操场上，听老师的训话或报告。在八点十分的预备钟声与八点十五分早会正式开始之间的五分钟内，要令全校一千多名学生排列得井井有条，非"大师级"的功力不可。

某天，一向在早会集合时"例迟"、集合后又喜欢与其他老师风花说月的黎 Sir 因要在早会上介绍作文比赛的细则，所以"罕有"地在预备钟声响起后，便站在有盖操场召集全校学生排队。当学生走到操场，发现"对手"原来并非平日负责指挥排队的训导老师时，态度及心情随即 180 度大转变：各人谈笑风生，漫步而来，像出席宴会多于列队集合。黎 Sir 目睹此情此景便在麦克风前大声喝道："各位同学，你们若不赶快排队，我便罚你们全体站在操场上，不准进入教室上课！"谁知喝骂之后的情况更糟，特别是高年级的同学，完全不把这位老师放在眼里，继续我行我素。这时，黎 Sir 简直气上心头，于是把所有怒气发泄在他们身上："你们是怎样做低年级同学的榜样的？怎么叫他们跟你们学习？快快排好队，否则，我将严厉处罚你们……"情况似乎安静了些，但同学们仍在窃窃私语，队伍又排得东歪西斜。早已筋疲力竭的黎 Sir 也唯有草草介绍完比赛细则，让学生返回教室了事。

自此，我细心观察每日负责全校学生排队的那位训导老师。每当预备钟声响起前的一两分钟，他便会站在麦克风前。当钟声响起，学生们便鱼贯地进入操场列队集合，若某些班别的学生表现得特别理想，他便会大声赞扬说："某班某班已做到迅速、整齐和安静，其他班一样可以的。我知道我校的学生一定可以做得到！"这样，不到三分钟，这位老师便可在心平气和的情况下，令全体学生安静而整齐地列队集合。

个人反省

* 你是否是一位尊重教育的老师？
* 你是否是一位赢得学生尊重的老师，若否，原因何在？

具体实践

* 你希望学生如何尊重你？在要求对方之前，自己先切实做好尊重学生吧！

你的补充

我 有你无的"自尊"

请你也给我尊重，正如我尊重你一样，
因为我也跟你一样看重自尊。

——欣迎《老师心声》

有一位训导老师，当他"教训"行为偏差的学生时，总爱这样骂道："又是你！你妈生你简直是多余的！""闲着没事做，不如回家跟你爸爸做泥水工，反正读书也没有用……"

偶尔，吃了豹子胆的学生会反驳说："阿Sir，我们也是有自尊的，劳驾你不要这样侮辱我们……"这样一说，那位训导老师便会进一步提高声浪骂道："如果你们也有自尊心，就不会天天惹事，还说我侮辱你们？简直废话！"作为学生，"识趣"的多不会继续辩驳，这并非因为他们心悦诚服，只是敢怒不敢言。

某天，我接到一个家长的投诉电话，对方表现得相当激动，说："校长，那个做我儿子班主任的某老师，在全班同学面前辱骂我的儿子，说他又蠢又懒，像猪像蛇，又叫同学不要跟他玩，以免染上什么恶习……我儿子回家后便哭个不停，既不肯吃饭，又不愿上学。看来，他的自尊心已完全受到伤害，你说我该怎么办？"

以上两位老师那种轻视学生，以学生的能力、外貌或家庭背景作为笑柄的行为，实在要不得。在这种教育方式下，通常只会产生两种学生。一、"同归于尽"型："你骂我衰，我便衰给你看，让你气多些！"二、"消极自在"型："反正我是没得救，倒不如我行我素，喜欢怎样做便怎样做好了。"其实，"践踏"学生不但于事无补，反而会伤害他们的自尊心，以及严重破坏师生关系，迫使他们走向极端之路。

自尊不是某些人的"专利"，只要是"人"，便拥有自尊，除非你没有把自己和对方当作"人"来看待。

个人反省

* 你曾否讥讽或当众辱骂过你的学生？如果你是那名学生，你会有何感受？
* 你认为犯错的"人"，也有被尊重的权利吗？

具体实践

* 在斥责学生不良的行为前，先提醒自己，学生是有自尊的，应在不损害对方尊严的情况下教训他/她。

你的补充

Miss，你讨厌我们……

只要我能接受我自己，并向你展示整个的我，多半我就能帮助你去接受并开放你自己。

——包约翰

某天，在午饭后的第一节课，中四 C 班的班长走进我的办公室，面有难色地说："校长，我们全班不想上 Miss 潘的课了，因为她对我们诸多挑剔，无论我们做什么，都不合她的心意……"听了之后，我吓了一跳，连忙走出办公室看个究竟，谁知中四 C 班的所有同学，全班列队在教员室前的走廊旁边，我便叫他们返回教室，来个大讨论。

从他们的"哭诉"中得知，起因是这位英文老师"嫌"他们的英语水平低，基础差又懒散，虽然学生曾尝试努力发奋，但仍远远达不到老师的要求，因而遭老师嫌弃。此外，Miss 潘同时负责高年级学生的训导工作，故经常斥责学生的仪容、发饰这样那样。学生改善了，她又说其他地方的不是。"她根本就讨厌我们，针对我们!"这是学生得出的结论。

听了他们"尽诉心中情"后，我的心里也很不是滋味，于是我便约了 Miss 潘面谈，希望可以详细了解个中情况。

"Miss 潘，你是否觉得中四 C 班的英文水平很差，很难教?"

"校长，以前我是在九龙某名校教书的，不过因为申请房子，被迫搬入新界，所以才转到你们这间学校任教。说实在的，我真是想象不到那班学生的英文水平，竟然差到只相当于小学生的水平，你叫我怎么教?"

她停了一会儿继续说:"每逢走进那个课室，我便不期然地想起去年我教的那班学生。他们又活泼、又聪明，学习又主动，上课简直是一种乐趣；加上他们出身于中上家庭，礼貌、衣着等方面从不要我操心。我真的很怀念以前那段日子，很想时光倒流，再做他们的英文老师……"

面对这位老师，我感到很无奈。她只怀念过去，以至于面对这班"不合意"的学生时便感到抗拒、生厌、甚至排斥。其实，我们必须接纳每一个学生，因为他们是一个个有生命的人、一个个有价值的独立个体。我们可以不接纳学生的问题行为，但不可以不接纳我们的学生，否则，莫说要教育他们，就是要面对他们也似乎不大可能。

个人反省

* 有什么学生是你感到难以接纳的? 为什么?
* 你经常将身边的人互作比较吗? 你又会否将自己与他们比较?

具体实践

* 以一个没有好感的学生为对象，从小处着手，尝试每周接纳他/她的一个特点。

一 分尊严，三分自责

只要我够坦然，"我是这样的人"，
本身就够好了。

——卡尔·罗杰斯

某天，有一位训导老师正要走进教室授课时，只见一班"调皮鬼"在教室内大叫大笑，你追我逐，差点还以为自己走错路，到学校旁的公园去了。定定神后，他便立刻喝令所有人返回座位，并说："全班到礼堂罚站！"随即有部分女生举手说："阿 Sir，我们没有吵，只是男生吵罢了！""不准出声！全班都要罚站。你们见那些男生吵，为什么不去阻止？""他们都不听我们说。"最后，老师还是没有接受女生的解释，带领全班同学到礼堂罚站。事后，那些女生当然愤愤不平，而那位老师在心情平复过后也觉得自己"杀错良民"，但已骑虎难下，也不管那么多了。

回到家里，那位训导老师仍因错罚女生一事而耿耿于怀，心想："女生没有捣乱，但我却罚了她们，这样对她们是不公平的。但既然已经做了，现在怎么能向她们说是我做错了呢？我是老师，在她们面前要有威信，怎么可以有错？一旦老师的形象被破坏了的话，日后如何面对她们？不可以道歉！小女孩气愤一段时间，很快便会忘记的，不用多想。"

虽说不用多想，但这位老师仍是放不下，每当他碰到那个班的女生时，甚至不敢与她们正面对望。最后，几番挣扎后，他还是硬着头皮，选择了向女生道歉。很奇怪，那班学生不但没有怪他做事鲁莽，反而非常欣赏他的勇气及坦白，齐声鼓掌赞道："阿 Sir，你好好!"这样，师生彼此冰释前嫌，老师亦可免受良心的责备。

真诚是教学上必不可缺的"法宝"，当然，这必须建立在关心学生的基础上，否则只会把学生作为个人发泄的对象。老师也是一个有血、有肉、有情绪的人，也会犯错，千万不要只顾维护老师的尊严而伤害学生，如果那样做才会真正损害老师应有的尊严。

个人反省

＊你是否经常戴上面具，使学生难于亲近你?

＊你有否在同事或学生面前适当地表达真我?

具体实践

＊学习不在学生面前假装什么。

你的补充

跛豪的好兄弟

教导的目的是鼓励他人善用自己的潜能。

中三领袖生阿豪，在一场篮球比赛中不幸跌断了左脚，要留在医院治疗达三个月之久。阿豪的同班手足得知这个消息后，便焦急地去找训导主任，寻求帮助阿豪的良方妙药。训导主任想他们已是中三年级的学生了，十岁有五，应该可以自行想办法，故借此机会训练他们的自主独立能力，就让他们自行想出对谋。

翌日，这班好兄弟便向训导主任"献计"。他们的计划包括：

一、组织探访队，定时往医院探望阿豪。

二、选一至两位同学专责写慰问卡，然后请全班同学签名。

三、组织功课小组，负责将每天的学习进度说给阿豪听；此外，他们还为阿豪录好每节课堂的内容，拿到医院播放。

四、待阿豪出院返回学校时，全班同学轮流替他拿书包，并扶他上楼梯进入教室。

听罢，训导主任也大感欣慰，因为这班小伙子不但对同学关怀备至，办起事来也有板有眼。

计划订出后，他们真的依计行事，绝无戏言。三个月过去了，阿豪可以出院返校上课，而他的同班同学亦很自发地履行承诺，每天轮流扶他进出教室；一个月后，阿豪终于完全康复了。不久，他的父母带了一封感谢函给我，希望我可以表扬该班同学在这四个月以来对阿豪的爱护、关怀和支持，这不但使阿豪可以早日康复，学业上也不致因留在医院治疗而追赶不上进度。当我在早会上宣读这封信时，不但阿豪的同学感到快慰，全校师生亦被他们的爱心行动感动了。

个人反省

* 当你与领袖生制订全年的工作目标和计划时，多数是谁作主导的？

* 当你帮助一个学生改过行善时，你会直接告诉他应该怎样怎样吗？还是从旁引导他，让他随自己的想法去改过？

具体实践

* 设计一项小型活动让学生参与，并在给予任何指示前，先给他们自创及自主的空间。

你的补充

小 生怕怕

必须让孩子感到安全，只有这样，
他才能够一步一步健康地成长。

——马思劳

　　每逢新学年开始前，学校都会为中一新生举办辅导日，目的是让他们认识学校的新环境，增加他们对学校的安全感。对于初升上中学的同学来说，面对陌生的环境，都会不期然产生不安：一张张陌生的面孔、冗长的上课时间、摸不着头脑的英语教学……但当中最令他们诚惶诚恐、战战兢兢的，相信莫过于在学生手册中长达数页的校规，以及"执法者"一张张令人望而生畏的面孔。因此，要令同学可以"安心"地在学校成长，应先由"掌生杀大权"的"执法机关"——训导处开始着手。

　　在不少同学的心目中，都会觉得训导处是一个为了专门为难他们而设的"特务机关"，要打破这个错误观念，负责训导的老师必须给予学生一个正面（不一定是讨好）的形象，让他们知道你不是"骂人狂"，而是讲道理的"正义朋友"。还有，校方必须要向学生清楚地解释校内的所有规则，而每位"执法者"亦要对这些规则有鲜明而一致的立场，让学生有所适从。当然，赏罚分明更是少不了的，只有罚，没有赏，不怕你才怪。

　　诚然，作为训导老师，多少也应具备几分威严，因为这对他们执行训导工作时是相当有利的。不过，不少训导老师都误以为威严是建立在学生的惶恐之上，若是如此，这与古往今来的"暴君"又有何区别呢？难道对人民友善的君主就没有威严可言吗？其实，训导老师不是要令学生"慑服"在强权之下，而是要令他们"拜服"在义理之中。多与学生沟通，让他们明白训导处的存在，真正是要为他们创造一个安全的学习环境。要真正令学生在学校有安全感，先从训导处这个"鬼地方"开始吧！

个人反省

＊学生时代的你，是否也很害怕训导处这个地方？为什么？

＊如果训导处用杀一儆百的方法来惩罚犯事的学生，你同意吗？为什么？

具体实践

＊主动与学生沟通，多了解他们对训导处及训导老师的想法。

你的补充

一个甘愿受罚的老师

我们生下来，人人都是平等的。

　　某次上课，当我请一位女同学回答我的提问时，她便一字不漏地照着书念。这时，坐在旁边的一位男同学便指斥她，说："老师叫我们答问题时不可照搬课本，要用自己的说话才对；照书读出来，真是无脑！"那位女同学听了，顿时双眼通红，停止读下去。见此情况，我立即向那位男同学说："同学与同学之间的相处是平等的，不可以这样对待同学。若发现同学有什么不妥当的地方，应该私下跟她讲。"那位男同学听了之后，似有所悟，连忙向那位女同学道歉。

　　小风波平息后，我本以为可以安心继续上课，岂料忽然又有位男同学问道："Miss，我们与你相处，又是否平等呢？"我回答："是的，我们生在世上，人人都是平等的。""Miss，如果你犯错，你可以道歉吗？""当然可以，亦应该这样做。""那么，你在上一堂课说错了答案，即是你做错了事，我可以罚你吗？""可以。""好！我现在就罚你站到教室门口。"

　　于是，我神情严肃地走出教室，站在门外。当时全班立即起哄，之后又突然静下来，四十双惊异的目光紧盯着我，鸦雀无声。当我站了不足三分钟，罚我站的同学认真地走到我面前，请我返回教室，然后用很佩服的口吻说："Miss，我们佩服你，你说平等，就做到平等给我们看。""是啊！你是训导老师，也肯接受我们的惩罚，他日如果我们犯了什么过错，也会甘心任由你处置，绝无半点怨言。"

听罢，我补充道："老师与学生的区别是：老师是教你们的，学生是来学习的，但在人的生存权、发言权等方面都是平等的。在课堂上我们是师生关系，但下课后，我们便是朋友。"

我觉得这节课相当成功，也很有意思，因为我与这班学生不但获得彼此的信任，更重要的是让他们懂得了什么是平等。

个人反省

* 当你责备学生时，是否用"权威"去压制他们？

* 不论课堂内外，你能否做到与学生平等？

具体实践

* 尝试找个机会跟学生说："我们是平等的，假如我有不对的地方，请你们告诉我。"

你的补充

Friendly，friendly

良好的人际关系是从小处做起的。

某日，当我拖着疲惫的身躯离开学校，正要过马路时，远处传来一个熟悉的声音："Miss 黄，我是赵家君呀！你还记得我吗？"我抬头一看，果然是君仔。我们于是在附近一间餐厅叙旧，一谈便是两小时。原来他刚在英国修完法律课程，现在返港当律师。

在这两个小时里，我们谈到昔日一些校园逸事及"私人恩怨"，例如君仔因犯事而被我惩罚；又如他们在班际篮球比赛中获胜，我请全班吃鱼蛋、饮汽水……后来，君仔还谈到对我的印象："我对Miss 黄你印象最深刻的，是你不论何时何地，经常与学生个别交谈。还记得有一次，我换了副新眼镜，你当日便留意到，还赞我靓仔又有型！老实说，我当时开心了好几天，因除了有人赞我之外，还因为原来 Miss 你是这么留意我、关心我……"真想不到，我当年一句简单的称赞，他竟牢记至今时今日。

老师关心学生，除了在教室上课的时间外，也可在教室外的课余时间进行。平日碰到学生，不妨多留意他们在外表上的变化，例如今天阿美换了个新发型；阿强昨天远足，全身晒得黑黝黝的……

此外，也可问及学生一些生活上的细节，关心他们的交友及家庭等情况。其实，一两句简单的问候，也足以令学生感到受到重视，帮助他们建立自尊；如果能叫出他们的名字，定当效果倍增。这种亲切和谐的师生关系，对我们做训导的老师来说尤为重要，因为这在日后处理学生的行为问题时可发挥事半功倍之效。

个人反省

* 你是否经常留意学生在行为、学业及外表上的变化？

具体实践

* 尝试每天花十分钟的时间与一位学生谈谈他的生活琐事。

你的补充

校园男子汉

只要你愿意说，
我便乐意听。

　　因过去数年所甄选的领袖生的素质不大理想，所以从今年起，我校训导处在招揽"爪牙"时来了个大革新。首先，由各高年级班的班主任推荐班中一些贤能之士给训导处，而受推荐的学生，要得到超过一半科任老师的赞同，才可获训导处接见；通过面试后，有关名单便呈交校长批核，无问题方可正式当领袖生。

　　经过一连串甄别程序选拔出来的领袖生，果然非同凡响，个个都威风凛凛，公正严明。但为了确保部属的素质及训导处的声威，从今年起，所有"新丁"都必须接受由老前辈为他们特别安排的训练课程，内容包括：如何值班？如何在课间、午饭及放学后管理秩序？如何处理突发事件……完成训练课程后，训导处还为他们举办一个誓师大会，由校长主持。这样，这班"新扎师兄"便正式分组执行任务，除"暴"安"良"。

　　过了两个月，训导处又召开检讨会，集合所有领袖生，共商他们在执勤时所遇到的种种困难及其解决方法。

领袖生在校门外设意见箱，收集同学的提问。此外，他们还在早会时间安排"答辩大会"，任何同学只需预先在两个工作日前报名，当天便可上台发表他们对领袖生执勤时的意见；对于同学的每条问题，领袖生长及其"手下"都会一一作出回应。有时，同学的问题也颇有趣，例如：头发生下来就是棕色的，是否算染发？有些手环、玉坠是因"特殊"原因才佩戴的，是否违规？总之，这个环节一经推出，同学们的反应相当热烈，往往要加时才能满足他们的需求。

　　事前的准备工夫充足，再加上大开沟通之门，使同学对学校这支"精锐部队"的认识及了解加深了不少，因此同学的犯事次数明显减少；此外，领袖生与同学的关系亦较前有所改善，大大方便了他们执勤时的工作。

个人反省
＊当你与学生相处时，彼此的沟通方式是单向的，还是双向的？

具体实践
＊可利用班主任时间或其他时段，每月一次，在班中举办不同形式的答辩大会。

你的补充

Ⅱ 校园奇兵逐个捉

老师，多谢你！

若以爱心与真诚教学，
对学生的影响也会是永远的。

　　　　　　　　——约翰·史拉德

　　中学一年级女生阿芬因与朋友外出玩耍而离家出走三天，惹得母亲盛怒。她不但禁止阿芬与这些"损友"外出，更偷听女儿与朋友的电话。阿芬知悉后，一时怒火中烧，竟然割脉自杀。幸好及时报警送医院，才不至于白白送上宝贵的性命。

　　训导老师得悉后，不但没有对阿芬表示关心，反而在教员室内大声怒吼："这个阿芬，一早便知道她不会有什么好事干出来！学生离家出走后又'玩'自杀，简直无可救药。她出院后，非严加处罚不可！"

　　不过，一位辅导老师却认为阿芬的本性不应如此差劣，于是决定查明究竟，结果发现原来这是一个"女版梁天来"的悲情故事：话说阿芬生长于一个农村家庭，父亲务农，有极端的传统思想——重男轻女。家中有三兄弟，她排行第二，无论衣、食，兄弟们都比她好。本来父亲不想让阿芬念书，幸得其母苦苦哀求，才可以由小学读至中学；还有，父亲除了责骂外，从不与女儿"交谈"。三兄弟也仿效父亲的做法，什么事也命令她做，稍不合意，便拳打脚踢。在得不到父兄的爱护及认同的情况下，阿芬唯有转而"向外投靠"误交损友，因而导致这个事件的发生。

　　了解整件事后，辅导老师便立即采取相应的行动。首先，她每天都在繁忙的教学工作中挤出少许时间，与阿芬交谈；此外，她也不厌其烦地进行家访，与阿芬的家人接触。在"双管齐下"的作用下，阿芬慢慢被老师的关怀、支持及爱护所感动，渐渐开始疏远以往结交的朋友；而她的父兄亦被老师真诚的态度、苦心的劝告打动，在态度上开始有少许改变，不但减少了拳打脚踢的次数，其父间或会说一两句关心女儿的话语。这样，阿芬的功课开始有进步了，人也变得开朗，与家人的关系也有显著的改善。大半年后的某天，阿芬的母亲带着一封感谢函到校，多谢辅导老师对她女儿的关心，更多谢老师从没有对她的女儿感到绝望。

个人反省

＊你视学生为你的弟妹、子女，还是工作对象？

＊对于学校的"坏分子"，你曾感到绝望吗？这是身为教育工作者应有的态度吗？

具体实践

＊在标签学生为"无可救药"之前，尝试先了解他/她的家庭背景及影响其行为的原因。

扑火的阿娥

爱美是人的天性，
但内在美必然比外表更重要。

中三B班的阿娥是一位身材肥胖、面上满布暗疮、鼻子扁平、嘴唇厚厚的忧郁的小女孩，同学们都在背后称她"丑妹"或"丑小鸭"。每天上学，她都独个儿静静地坐在教室一角，没有同学愿意接近她。除了课间去洗手间外，她总不敢走出课室；加上父母离异，自小便被抛弃给祖母照顾，所以阿娥的自我评价很低，觉得自己一无是处，没有人喜欢自己。

某天大清早，阿娥的祖母神色慌张、气喘喘地跑来找孙女的班主任，原来阿娥在周末外出后就一直没有回家。学校除了立即报警外，还请来辅导及训导组合作处理这个个案。过了一个星期，祖母致电学校，说阿娥已被警方找到，现已在家里，于是班主任立即前去家访，看个究竟。

阿娥由于觉得自己长得丑陋，没有朋友，终日生活在孤独之中，所以非常羡慕一些有男孩子追求的女同学。她想："我真的很丑吗？真的没有人喜欢我吗？如果有男孩子愿意和我上床，岂不是可以证明也有人喜欢我，我不是'丑八怪'……"于是她在一个星期六的黄昏，独自走到城门水塘，随意选择其中一群正在烧烤玩乐的青年男女，主动跟其中一个男孩子攀谈起来。在谈话的过程中，阿娥施展了她的女性魅力，而那名男孩亦被她诱人的动作所吸引。烧烤完毕后，阿娥还跟那男孩到一个空置的厂房，与他发生性行为。阿娥不但没有拒绝，反而觉得很开心，因为她以为有人喜欢上自己了。翌日，那男孩带她四处游玩，晚上又到相同的地方一起睡觉。这样过了三四天，最后那个男孩借故外出，一去不返，阿娥只好一个人流浪街头，不敢回家，终于给警察在街上找到她。

当我知道整件事后，内心真的感到很难过。因为其他人不接纳自己，更可悲的是连自己也不接受自己，而做出如此摧残及伤害自己的事，值得吗？

个人反省

* 你的外貌及身形，有没有对你造成什么困扰？
* 你对这些限制有何感受？

具体实践

* 多留意外表稍为异常的学生，并设法帮助他们确立自信。

你的补充

我 科科不及格

人没有了自信，
便等于没有骨骼支撑的身体。

　　阿龙是一名中学一年级的学生，身材肥胖，个子不算太矮。每天返校，他总是穿那发黄的"白"恤衫、起皱的黑裤、弯曲得像猪肠似的校服领带，而他的脸，永远像没有清洗过似的，手脚满是泥土。不认识他的，或许会误以为他是一名童工。

　　阿龙连二十六个英文字母都不能按顺序地、完整地念出来；数学方面，仍不会四则运算；中文较好些，但也经常写错字、语句不通顺。由于他听不懂老师讲授的内容，所以每堂课必找"周公"谈心；每逢测验、考试，没有一科是及格的，就连音乐、体育的分数也是红色。阿龙的自我形象可谓低到极点，经常被同学们取笑，也被老师骂又懒又蠢。由于这样，阿龙对学习完全提不起劲，不但欠交作业，有时连书包也不带，更甚者逃学。

　　幸好，一位关心学生的老师终于出现了。他见到阿龙这样，便约见其家长，了解情况；他又于每天放学后留下来，耐心地为阿龙补习，英文就由小学四年级的程度教起，数学则由小学五年级的开始。此外，他在排除万难的情况下得到阿龙家长的合作，为儿子处理个人清洁问题。渐渐地，这条"睡龙"终于苏醒了，他不但变成了一条"清洁龙"，上课和做事也较以前积极了很多。学期终结时，阿龙的中、英、数及所有学科仍然不及格，但分数却有显著的进步，而且术科也及格了。后来，阿龙读完中二便退了学。

过了一两年后的某天，阿龙挽着数盒糕点回校探望我们。他说现在协助父亲做些小生意，凭着自己的能力，也总算温饱有了着落。幸好当年得到那位老师悉心的教导，他现在写单、计数也可应付自如。现在的阿龙虽不是什么达官贵人、社会名流，但充满自信的他，终可凭着自己的一双手，创造自己的新天地。阿龙，现在的你才是"名副其实"。

个人反省

* 你怎样面对因学习成绩差而产生行为问题的学生？记缺点？罚留校？还是循循善诱呢？

* 你是用什么方法帮助自我形象低的学生？是采用不断践踏的所谓"激将法"，抑或是积极鼓励的"欣赏法"？

具体实践

* 尝试与学生分享自己在学习上所遇到的困难。

你的补充

人比人，比"傻"人

人生下来便有他的价值；
他有尊严，他有活的权利。

　　中三女生阿思人如其名，斯文有礼，又勤奋好学，学业成绩相当不错，每次考试均可名列班中十名以内，所以颇得同学和老师们的喜爱。某天，当我翻阅学生的点名册时，却发现阿思已断断续续缺席达三个星期之多，于是请班主任来了解情况，原来可怜的她，竟患上了神经衰弱症。

　　要了解阿思患病的缘由，便要从她一家四口的小康之家说起。阿思的父母是专业人士，对她及其姐姐爱护有加，但却非常紧张两姊妹的学业成绩及前途。至于阿思的姐姐，可谓是典型的模范生：年年考第一不在话下，同时也是校队女子四百米及跳高的金牌选手，此外，她还是什么什么学会的主席和干事，可以真正称得上是美貌与智慧的化身。有如此优秀的女儿，为人父母的当然感到光荣及满足，但为人妹妹的感受又会如何？

　　说句实话，阿思已经是一个相当不错的好女孩，但面对如此优秀的家族成员，其压力及多余的自卑感便从小逐渐积累起来；加上父母有意无意地比较，使得阿思自己凡事也跟姐姐相比，以姐姐作为竞争对手。为了能在父母心中占据小小的一席位，阿思一直以来都给予自己很大的压力，最后，她终于承受不起了。

某日，阿思返校了，我只见她面色苍白、神情恍惚、眼神不定。与她交谈之后，才得知她因晚上经常失眠，而白天则时常见到老师或某些成绩好的同学的影子在眼前晃来晃去，所以现在要频频看精神科医生，接受诊治。现在的阿思，只觉得上天对她很不公平，亦觉得自己生存在家中、甚至在世上是多余的、是没有价值的。她，已找不到"出路"了。

很多时候，因为家长错误的教导方式（甚至是价值观），不但不能将子女既有的才能发挥出来，甚至反而使他们屡遭挫败，走向极端。"天生我才必有用"，到底有多少人能真正领悟此话的意思呢？

个人反省

＊你经常在学生面前，拿他们的学业成绩互作比较吗？

＊在课堂秩序方面，你又会否将某些班级互作比较？

具体实践

＊以一些学业成绩偏差或行为较为顽劣的学生为对象，尝试从他们身上找出一些优点，并将之告诉他们。

你的补充

以拳还拳，以脚还脚

爱，为人们疗伤——

对给予者与接受者都是。

——卡尔·曼宁格医生

中三学生阿文是一个身材瘦削、衣冠不整的小家伙。虽然他实行"周休五日制"（即一星期只有两日回校上课），在学校的时间不多，但他犯事累累，被训导主任召见的次数之多，已非同级同学所能媲美：校内吸烟、纠党打架、上课时寻衅滋事、放学后流连游戏机中心……这一切都使阿文在众多师生的心目中，留下一个令人"刻骨铭心"的坏印象。

有一次，当我翻看各班的点名册时，发现阿文竟然有两个星期缺课，追查之下，才知道原来他已离家出走。最后，我们经过四处调查，得悉阿文在友人家中暂住。于是，校方便立即通知其家长，安排他们会面。

那天，阿文穿了一套肮脏得很的校服回校，头发蓬松，精神憔悴。他见到母亲时一言不发，也没望她一眼。无论其母跟他说什么也好，阿文都无动于衷，只是左顾右盼。最后，他的母亲开始变得歇斯底里："我这么辛苦做工养你们，为什么你们要这样气我，有家也不回?""要我回这样的家,我宁愿到大街上睡觉!你时常和阿爸吵架,他又动不动对我拳打脚踢。你看!我这身瘀痕,都是拜他所赐!"这时,阿文已泣不成声,他的母亲亦早已泪流成河。

待两人的情绪稍为平静下来后,阿文的母亲便将她们家的情况一一道来:"我们几年前从大陆来港。阿文的爸爸在楼盘做水泥工,我则在酒楼洗碗碟,靠我们的收入仅够糊口;有时若遇到阿文爸没有工作、钱又用完时,他便会拿阿文来发泄,我怎样也阻止不了。阿文有一个姐姐,但已离家出走,现在就只剩下他和弟弟。唉!我也不知道该怎么办……"

直到这一刻,我们才知道为何阿文会出现行为上的问题;亦从这一刻起,我们才对阿文真正有多一点点的了解。

个人反省

＊当你处理一些行为顽劣的学生时,是否只看到他的顽劣行为,而忽略了影响其行为的原因?

具体实践

＊与学生组织一些生活小组,了解在他们身边发生的事。

你的补充

誓不低头

回答柔和，使怒消退。
言语暴戾，触动怒气。

——《圣经·箴言》

中四男生阿军，个子高高的，加上剪了个"陆军装"，外形有几分像军人，所以同学都叫他"军佬"。"军佬"为人聪明，但却很懒散，对任何事从不会抱认真的态度去处理，而他最令人头痛的违规行为便是不交作业。面对他，相信不少老师也和我有这样的同感：到底自己是一名教师，还是追"债"公司的职员？

有一次，"军佬"再次欠交作业，于是我又再次向他追收。他解释了原因后，还与我约法三章，定下"还债"的日期。最后，他没有履行承诺，只是一味使出"拖字诀"，我终于忍受不了，勒令他午饭时不可外出用餐，必须留在温习室里做完那份功课为止。"军佬"听了后立即满面通红，并将军人那种不屈不挠的本色展露给我看，气愤地大叫："什么？你叫我午饭不可以到外边吃，留在学校？绝对不可能，我是不会留下来的！"他的语气及神情像要告诉我他想揍我一顿似的，实在吓了我一跳。见他的情绪如此激动，我知道再说下去只会令事情愈弄愈糟，于是便叫他在下节课结束后再来找我。

下课后，"军佬"没有来找我，于是我便主动找他，跟他说："现在你觉得怎样？心情如何？"他很奇怪，我的第一句话不是责备他不来见我，而是问他的情绪怎样。因此，他的态度开始软化，并答应第二天补交那份功课给我。

果然，第二天一早还未上课前，"军佬"已将功课交给我，并难为情地说："Miss，昨天我那样冲撞你，态度又差，你不但没有罚我，还关心我的心情及信任我……对不起！以后我不会再令你失望了。"

教导孩子，必须要有相当的忍耐力，懂得随时"收放自如"，否则，最后可能只会连场上映"火星撞地球"的闹剧而已。

个人反省

＊当你处罚学生，对方出言冒犯时，你会怎么办？当场大声呵斥他，还是先让大家冷静一会儿？

＊记着：每个人都有情绪，连婴儿小孩也不例外。

具体实践

＊遇到学生（或自己）情绪激动时，可跟他说："现在我不与你理论，下课后再来见我吧！"

你的补充

我们都是这样长大的

我了解你，我们都是一样的。

——史丹·戴尔

阿辉今年读中四，为人活泼好动，满脑子都是一些成年人无法理解的鬼主意。单以背书包为例，他已别树一帜，将书包背在前面，犹如母亲将小孩抱在怀中似的，甚为"有型有款"。

阿辉是学校排球队的队员，每次与他谈起排球的事，他总是兴高采烈，絮絮不休地跟你谈个痛快；但当谈及学业时，他便立即像被刺破的气球般完全泄了气，顾左右而言他。

阿辉上课时很少打瞌睡，因为他很忙，有很多要办的事情，例如与邻座的同学谈话，转身拿后面同学的文具。用身体语言与坐在教室另一端的同学"联络"，趁老师不留意时离开座位到黑板前题字留念，或到雨伞架上玩弄一下等等。总之动作之多、行动之快，简直令人咋舌。每当失手、被老师的目光紧紧盯着时，他便会很乖巧地返回座位，并连声道歉。

面对这头脱缰野马，我觉得既好笑又气愤，但从未处罚过他。因为我不认为年轻人充满活力是一种罪，而事实上，很多时候他是无法控制自己的情绪，所以我完全接纳同学在上课时偶尔有违规的

"小动作"。作为老师，与其硬邦邦地强迫学生压制自己的精力，倒不如设法帮助他们发泄出来，岂不是更合乎情理、更加有效吗？例如可叫他们帮着清洁黑板或自己忘记带东西到教室时，"差使"他们代为跑腿等等。

年轻人好动是理所当然的事，难道你不曾有过不羁调皮的心吗？

个人反省

＊回想"少年十五二十岁"的自己，是否也像阿辉那样蹦蹦跳跳的？

具体实践

＊尝试接纳学生偶尔为之的恶作剧。

你的补充

阿妈，我做到啦！

觉得自己能否做到，
其实只在一念之间。

——亨利·福特

　　为了令学生有自信和成就感，从而肯定自己，学校于是以初中学生为对象，推出"我做得到"奖励计划，奖励的内容分为学科、品行及课外活动三方面。学科方面，如果某科目每次的考试成绩均达六十分或以上，则可得一分；品行方面，若达到乙⁺或以上，又记一分；课外活动方面，取得优异成绩者，亦会视具体情况而加分。每个学期结算三次，如总分得五分或以上的话，学校则予以表扬，并发信给有关家长，通知对方其子弟得奖了。

　　中三学生阿健，学习动机很低，品行又差，脾气又坏，不是与人吵架，便是上课滋事扰人，且时常有家不回，所以是家中的"稀客"，却是训导处的"常客"；至于学业成绩……相信不用多言了。总而言之，面对阿健，他的父母唯有叹句"儿兮儿兮奈若何"！

　　但自从学校的"我做得到"奖励计划推出后，阿健开始有所转变。原因是他虽在中、英、数等科目中屡屡失败，有时甚至惨败到连二十分也拿不到，但凭着其鬼斧神工之技艺，他仍可在木工科中夺分，取得成就感；此外，体育科也是阿健的拿手项目。借着这些方面的才能，阿健知道自己是有机会"出线"的。有了希望，他整个人也变得正面和积极。

结果一如所料，阿健在奖励计划中取得了五分，于是校方便发信通知他的父母，并邀请他们出席有关的颁奖典礼。当他的父母得悉这个消息后，竟然不相信自己的儿子能够"光宗耀祖"，拿着那封通知书到校来问个明白。颁奖礼当天，在阿健上台领奖的那一刻，他的父母竟感动得流下泪来，并紧握着班主任的手久久不放。阿健见到这个情形，一时间亦高兴得说不出话来。他高兴并非因为自己获得了奖项，而是父母对他的态度改变了，他亦肯定了自己。

个人反省

＊当你面对一群学习动机低的学生，你会怎样鼓励他们？

具体实践

＊选一两位自我形象低的学生，根据他们的兴趣和能力，用奖励的方法鼓励他们。

你的补充

一起走过的日子

让我们做老师的，与学生一起欢笑、一起哭泣、一起成长。

学校每逢二月，便是班际篮球比赛的日子。在这个时候，什么"缩水魔术手"、"黑发篮板王"都会倾巢而出，各显身手；加上助威呐喊的拉拉队，使得放学后的球场好不热闹。

我任教的中四A班今年也有参加篮球比赛。这一班，是全校一致公认学习动机低、成绩差、行为较顽劣的一班。每次上他们的课，老师开始正式讲课前非花上十多分钟来跟他们纠缠一番不可，因此不少老师一提到要上该班的课时，脸上立即会表现出十万个不愿意。

篮球比赛前的一个星期，我已被中四A班的同学拉拢，成为他们的"拉拉队"成员之一。比赛当天，球赛即将开始时，我放下一切杂务，与该班其他观赛的同学浩浩荡荡地一同走进球场。比赛开始了，我在不知不觉间完全投入赛事之中，与大家一起高声地为中四A班的球员打气。失球时，我和大家一起叹气、喝倒彩；球进了，我跟他们一起欢呼大叫；输了，我鼓励他们；赢了，我赞赏他们。"战事"历时约一小时，最终以十五比十七输了。虽然如此，他们仍然表现得很开心。

第二天，不可思议的事情发生了。当我走进中四 A 班的教室上课时，他们全班"竟然"安静地坐着，最初我还以为自己走错了教室呢！上课时，他们也表现得很专心。就这样，我怀着半惊半喜的心情，在教室内与他们"享受"了前所未有的四十分钟的宁静。

下课后，我对该班"突然"的良好表现仍大感费解，幸好在返回教员室的途中，终于遇上高人指点——中四 A 班的班主任是也。她笑着对我说："Miss 黄，你知不知道我们班的学生今天上课为什么会这么乖？因为我们昨天看了他们的球赛啊！"原来，与学生一起欢笑，一起忧愁，笑他们所笑，哭他们所哭，是如此重要。

个人反省

＊对于学生所举办的活动，你会不闻不问，还是主动、积极地投入呢？

具体实践

＊尝试牺牲一些私人时间，多参与学生所举办的活动，例如旅行、打球等。

你的补充

伤痕累累的阿凤

你必须先爱自己，才能让世事变得美好。

——露西·鲍尔

中四女生阿凤是一个在学业及行为上极有问题的学生，缺课及不交作业已是她的例行公事。无论被训导处惩罚过多少遍，她只是愈变愈差。在"治标"的方法失败后，我们唯有寄希望于"治本"，将她转至辅导组，希望在改变她的行为前，可以先改变她的"心"。

辅导组老师经过跟进后，发现原来阿凤曾有一段令她毕生难忘的悲惨遭遇。她生长在一个单亲家庭，母亲由于要肩负生活的重担，无暇照顾阿凤，她便在外误交损友，因而经常离家出走。

有一次，阿凤又离家出走。由于母亲报了警，所以当她后来被警察找到时，便被带回警署。当时，她被一位女警以极具侮辱性的话盘问："靓妹，你自以为了不起，想学人飞？你有本事吗？有没有跟人上过床？……"不久，又进来了一位男警，他同样以很粗鄙的口吻盘问阿凤，之后，他更动手抚摸阿凤的胸部。阿凤当时很惊恐，想走，却被女警捉住；想大叫，又被女警喝止。就这样，可怜的她便被那男警在她身上四处抚摸。

过了大约十分钟，那名男警才停止他的兽行。这时，阿凤有一种很强烈的被"非礼"、甚至被"强暴"的感受。自此，她觉得自己丧失了尊严，丧失了做人最基本的尊严，因此她更加糟蹋自己，行为问题因而变本加厉。阿凤对所有人都感到失望，不再相信任何人。

得悉阿凤背后的这个故事后，学校社工和辅导老师便对症下药，展开了相关的辅导工作。数月后，阿凤开始接受自己，她的创伤亦慢慢痊愈。虽然她最终没有完成中四课程便离校，但我肯定，她比以前活得快乐、比以前活得积极。

个人反省

* 对于一些曾经历过伤痛的孩子，你怎样与他们相处？

具体实践

* 要让孩子学会自爱，请先从自己做起。

你的补充

背后的故事

给别人机会解释，
等于给自己明白真相的机会。

　　一天，学校附近某超级市场的经理致电来，说我校的中二女生阿芝偷了一个 Snoopy 笔盒。训导组得知此事后，便立即叫阿芝前来问话。阿芝平时是一个斯文害羞的小女孩，所以当她见到训导老师的怒目凶光时，立即被吓得魂飞魄散，一直低着头，保持缄默。训导老师经单方面"查明属实"后，便愤愤地斥责阿芝："你好的不学却去学偷东西，学校的声誉被你的恶行完全破坏了！"

　　阿芝听了，更加惶恐，但陪她前来的一位同学，却大胆地插嘴说：

　　"阿 Sir，阿芝是有苦衷的……"

　　"不准插嘴，此事与你无关！"

　　"不过阿 Sir……"

　　"还讲？偷东西就是犯法，我管你有什么苦衷，犯法就要处罚。幸好，超级市场的经理说原谅她，不会报警，否则，她一生的前途就完了！"

阿芝只顾不停地哭和摇头,好像真的有什么内情似的,可惜老师并没有发觉。教训完阿芝后,老师只忙于办理记过手续,以及打电话通知家长等。

第二天,陪伴阿芝的那位"金兰姊妹"终于忍不住了,将事情的真相告诉给一位与她们关系较好的老师。原来,那个笔盒是栽赃嫁祸的。事发当日的午饭时间,阿芝正与这名女生逛超级市场,忽然前面冲来了两三个别校的男生,与她们撞个正着。不久,超级市场便响起警钟,关起大门,经理说要搜查顾客的财物,因为有东西不见了。一搜之下,发现在阿芝的书包内多了一个贴有该超级市场标记的 Snoopy 笔盒,于是阿芝便被经理误认为是小偷,而真凶则早已逃之夭夭。

由于训导老师只听一面之词,又没有给机会让对方澄清或说出其犯事的原因等,而令阿芝蒙上不白之冤。后来幸得那位老师出手相助,才不至于错怪无辜。

个人反省

* 你曾否被人冤枉?被冤枉的滋味如何?

* 当学生与你倾心交谈时,你有没有用心去聆听?

具体实践

* 在"裁决"一个学生前,记得问问自己,是否已给予对方充足的发言机会。

III 校园的框框

不、不、不!

消极负面的教导,只会为孩子带来约束;
积极正面的教导,才会给孩子鼓励支持。

我在给中学教师讲授辅导与训导的协调时,曾四处搜集二十多所中学的校规,研究其中的内容和字句的用法等等。经过仔细的分析和研究后,我发现几乎所有校规都是以"多不"的理念为依据的:不准迟到、早退或无故缺席;不得在校舍内追逐奔跑;不准说谎;不准偷窃、聚赌;不准……不得……不要……当我与老师们讨论时,他们都觉得这些校规的措词和用字太负面,大部分都是消极和约束行为的指标,使学生只知道不可以做什么、不准做什么、不要有什么样的行为,但他们却完全缺乏应该怎样做的观念。

我请老师们修改那些校规,使其措词和用字变得正面、积极,老师们都表现得非常踊跃,将校规修改为:学生每天要准时上学;学生必须有合理的理由才可以早退;说话要诚实;学生在课余时应有健康、正当的活动……修改前后的校规的主要区别,在于后者删除了"不得"、"不准"、"不要"等用字,多用"要"、"应"、"必须"等字眼。他们都认为修改后的校规对学生有正面的教导,可给予他们一个具体而积极的行为指标。

后来，我将修改过后的校规交给学生，让他们将之与现有的校规作一比较。学生普遍比较容易接纳修改过的校规，原因是他们觉得现有的校规常常叫他们不准做这做那，背后已假设他们将会犯什么事，要预先警戒和规范他们似的。但修改过后的校规，则指导他们该如何做、怎样做，给他们一个目标，一个具体可做的行为，所以大部分学生较易接受较正面及积极的校规。

个人反省

* 你学校的校规主要是用什么措词："不准"、"不得"、"严禁"，抑或是"应该"和"要"等字眼？

* 你与学生谈话或吩咐他们做事时，是否多用积极的字句？

具体实践

* 改写你与学生之间订立的课堂守则，试着多用较正面及积极的字句。

你的补充

你 知道我的需要吗?

肯去反省思考的人,才会有进步。

　　学校是社会的缩影,此话一点也不假。要让一千多人在这小小的社会里共同生活、和谐共处,相信没有人会怀疑校规存在的必要。但若从政治体制的角度来看,香港绝大多数的学校都是奉行"极权主义"的,一切决定权都只集中在少数的"核心人物"手中,但在民主呼声高涨的当今社会里,既有的这一套是否真的可以或应该继续吗?

　　我很喜欢在校内跟同学们交谈,讨论他们的需要、面对的困难、对校方的看法以及校方对他们的期望等。同学们都很喜欢提出一些意见,希望校方对部分现有的校规稍作修改。当中,当然有些是无理的请求,但亦不乏合乎情、发乎理的建议,例如"假日返校可否穿着便服"便是。因为很多同学只有一套校服,星期六、星期日或假期必定拿去清洗,所以要他们假日返校时穿着校服是存在着一定的困难。说实在的,在订立这条校规时,作为校园管理人的我们,只想到如何分辨本校生及访客、如何方便学校的管理,却从来没有考虑到这会给学生和家长带来什么不便,更不要说想法子卖个"方便"给他们。

对于学生的每一个提问或建议，我必会一一记录下来，并认真处理，给予他们认真的回复，因为我深信这些建议，全基于学生对学校存有期望，否则，他们也懒得理睬你，倒不如早早回家玩游戏机罢了。

每当学生提出问题与我讨论时，我都很欣赏他们勇于发问的精神，也更因为他们关心学校、关心自己而感到高兴。不过，同时我会自我反省，检讨我们在制定校规时，有没有顾及学生在成长过程中的需要？有没有咨询过他们的意见，了解他们的看法和要求……其实，当我们在制定校规时，先征询一下最受影响的一群人的意见，亦是一件理所当然的事。若我们可以做到这点的话，相信无论对校规的执行者或是遵守者而言，必将是一件好事。

个人反省

* 你在设计教案时，有没有考虑到各班同学的学习及需要？

具体实践

* 在决定使用何种教学法之前，试着先听取学生的意见，了解他们的需要。

你的补充

铁甲威龙

让每个接近你的人，都有如沐春风的感觉。

    检查学生的校服、仪容是训导老师的基本工作之一，而我校有一位训导老师，相当热衷于这项工作。每天返校，当他遇见学生时，你一定可预计到他将会跟学生说什么：不是说学生的头发过长，便是说裤脚太窄；若不然，便是说他们染发，或是没有佩戴校徽……总之是与校服仪容有关，天天如此，命中率达九成九以上。

    某天，这位老师为了检查女生的校服裙子的长度，竟然在上课前一个小时回到学校，真令人钦佩不已。他拿了一把长长的铁尺和两三叠报纸来到学校大门口，把报纸铺在地上，一见有女生进入校门，便吩咐她们放下书包，屈膝跪在报纸上。若女生的校服裙子长及报纸的话，她们便可安然"过关"；否则，表示她们的校服裙过短，其名字便被记录在案。虽然这件事发生在多年前，但我还清楚地记得女生们当众屈膝跪下时那种愤怒的表情：面露青筋、眼角向上，像受了什么屈辱而无法宣泄似的。事后，她们更围作一团，背后怒责那位训导老师的不是。

    诚然，这位训导老师确实是很尽责，很值得我们敬佩。可惜的是，每当学生见到他都会避之则吉，走为上策。为什么没有学生欣赏他这份对工作的热忱呢？因为他脑海中只记挂着工作，忘记了学生是一个独立的个体，是需要被人关心、受人尊重的。各位训导老师，不妨在平日遇见学生时，多说些关心的说话吧！例如："你近来好吗？有没有什么趣事发生？""咦！你今天换了副新眼镜，很好看呢！"这样，你的学生自自然然会感觉到你对他们的关怀，并视你为朋友；到了要执行训导工作时，学生亦会明白你不是存心为难他们，只是职责所在而已。师生间建立了这种互相信任的关系后，执行任务时便可得心应手，省却很多不必要的误会和麻烦。

个人反省

* 在学校时，你的时间是否全都只花在上课、改作业、备课及行政等工作上？

具体实践

* 不要老是板着脸孔，多带点笑容与学生接触吧！

你的补充

野孩子

积极的态度能使你肯定自我，憧憬未来，
在人生的各种挑战中获胜。

每天，我都是搭乘轻轨回家的。在车厢内，时常都会挤着来自同区附近几所中学的学生，因此，我大有机会观摩该区同行的教学成果（当然，对他们来说也是如此）。基本上，大多数学生都表现得循规蹈矩，有些更会乐于助人，主动让位给有需要的人士。不过，间或也会遇上某一两间中学的部分学生，有如此"大胆骇人的演出"：一群衣冠不整、就连领带也松脱得快要随风飘逝的学生，以极其引人注目的嘈杂声飞奔至车厢内，然后便不停地以污言秽语互相"交谈"；至于小情侣，则不忘打情骂俏，"合二为一"，其互相紧贴的程度，相信只可呼吸到对方排放出来的二氧化碳，实在有害健康；情况严重者，更会动手动脚，打起架来。

作为一个教育工作者，目睹此情此景，我心中除了感到难过外，更觉得无奈。见到他们，我是同情多于愤怒，因为我觉得他们像是一群"无家教"的野孩子。出现这种情况的原因当然很多，也很复杂，但除了归咎于传媒所造成的负面影响外，恐怕这和学校教育是否给予了学生正面和积极的教导，也有莫大的关联。这使我想起本港某中学，它废除了传统的消极、约束行为的校规，改用正面和积极的学生守则来代替，部分内容如下：

一、XX学校的学生孝顺父母。

二、XX学校的学生尊敬师长。

三、XX学校的学生友爱兄弟。

四、XX学校的学生待人和蔼。

五、XX学校的学生勤劳俭朴。

六、XX学校的学生整齐严肃。

七、XX学校的学生效品力学。

八、XX学校的学生爱校守法。

九、XX学校的学生热诚服务。

十、XX学校的学生自强不息。

这些都是正面积极的学生守则，是对学生的肯定和尊重。有了这些守则，学生可清楚明确地知道学校对他们的要求，对他们建立一个正确的价值观也很有帮助。

个人反省

* 你与学生相处时，是否只顾传授学科上的知识，而忽略了品德教育的灌输？

具体实践

* 在教学活动中多用积极和正面的语句去回应，鼓励学生学习。

持 之有恒

爱是恒久忍耐。

——《圣经·哥林多前书》

　　相信不少老师也有这样的同感：在周会或早会举行颁奖典礼时，很奇怪，大多数上台领奖的同学都表现得行色匆匆，接过奖品后便急急离开；稍为懂点礼仪的，最多只与颁奖人来个敷衍式的握手，甚少会向颁奖人及台下的师生鞠躬致意。有见及此，我决心要改变学生这个坏习惯。

　　首先，在颁奖典礼开始前，我先向全体学生示范怎样向颁奖人鞠躬，然后接过奖品，再向台下鞠躬，并向学生解释这个做法背后的理念，是基于对在场所有人的一份尊重和礼貌。然后，当每个得奖学生上台领奖时，我亲自逐一教导他们。经过多次的教导，部分学生学懂了，但仍有不少学生未能达到理想水平，尤以高年级的同学为甚。这不是因为他们的资质较低、领悟力较弱，而是因为他们已经有了一套自己的价值观，可塑性较低。他们觉得这根本不是什么大不了的事情，亦不是什么大不了的场合，故掉以轻心，完全没有将我的教导记挂在心头。但对我而言，无论这是一件何等微不足道的事情也好，基本礼貌仍是必需的。既然学生把我说的话当作是

"耳边风"，我更应当持之以恒，好让他们终有一天记得我的一言一语。

于是，每逢任何大大小小的颁奖典礼，我仍不厌其烦地教导每一个上台领奖的学生。一年过去了，低年级的学生学会了，但高年级的仍维持其个人风格。第二年，我将所有"火力"集中在他们身上。一年又过去了，他们大部分终于学会了。我心想：这样的一件小事，也得花上整整两年，不舍不弃地去干，使我更深深体会到"百年树人"的真意。

个人反省

＊在过往的教育生涯里，有什么事是值得你去坚持的呢?

具体实践

＊改变学生的陋习时，避免动不动便订立规则来强行将之改变，尽量尝试耐心地教导他们。

你的补充

洗脑行动

好的开始，是成功的一半。

　　每年八月下旬，学校都会为中一的新同学举办"迎新日"，目的是让他们预先熟习学校的环境。为训练他们自律、适应团体生活，学校还安排一个认识校规的活动，在严肃的"课题"上披上轻松有趣的"羊皮"，要这群纯真的小羔羊在欢笑声中接受"洗脑"，令他们日后一切皆听命于我们的"指示"。

　　首先是校服、仪容方面。为了教懂男同学打领带的方法，我们举办了一个打领带比赛，每年都有不少男同学是在这项活动中学会了打领带。接着，便是由男女各一名领袖生充当模特儿，示范何谓齐整清洁的校服。当他们在"天桥"上展示看家本领、踏出婀娜的步伐时，惹得全场哄堂大笑。

　　其次是预防迟到方面。我们将中一的同学分为数个小组，每组由一位班主任老师带领，讨论每天要准时返校的方法，并将之一一罗列出来。最后，便进行全民投票，让同学们选出他们心目中最有效的三个方法，并请他们切实履行。

　　最后是关于认识校规方面。我们利用两个活动来增加同学们对校规的认识，其中一个是填空比赛。我们将一些重要的校规拟成填空题，让学生在指定的时间内回答。每年，答题全对的同学有很多，达整体的一半以上。另一个活动是以"校规知多少"为名的有奖问答比赛。我们选出九位勇士，分为三组，抢答领袖生的提问。比赛结束后，便轮到台下其他同学，当然，答中者同样可获得"丰厚"的奖品。

这样，我们的"奸计"便在轻松、愉快及"受害人"不知不觉的情况下得逞。

个人反省

* 在学期初，你有没有将课堂规则清楚而明确地解释给学生听？

具体实践

* 要求学生做每一件事时，都要简单、清晰地将你的要求说给他们听。

你的补充

黑色星期五

校规不只是写给学生遵守，也是写给家长看的。

某年，学校的校历编得较以往奇怪。以往，农历新年假期都是由星期一放至第二个星期的星期五，一连有两个星期的假；但该年则只放到第二个星期的星期四，学生须在星期五返学。于是，精打细算的家长便索性为子女在这天请假，连星期六、星期日在内，便可多三天的假期，以便回乡过年或外出旅游。因此，在这个星期五，每班差不多平均有六至七人缺席，令平时热热闹闹的校园，顿时添了几分冷清的感觉。

星期一，当这帮同学仍以"游魂"的精神状态回校之际，却接到一个令他们立即清醒的"震""愤"消息：每人要被扣掉操行分两分。原因是在学生手册内明文规定，学生是不可以随便请事假的。

通告一出，消息一传，很多家长都表现得颇为激动，理由是他们没有阅读学生手册，不知道请一天事假也不可以。有些家长甚至亲自到学校来，与班主任及训导老师理论。老实说，国有国法，家有家规，无论家长如何争辩也是于事无补的，但其中一位家长的投诉却很值得我们反省："你们说这条规则写在学生手册上，但说实在的，有多少家长真的看过那本手册？你们为什么在学期开始时，不预先通知家长？……"

一直以来，我们都觉得只要学生明白校规便行，完全忽略了其实家长也是我们需要告知的对象之一；此外，我们也太依赖学生和家长的自觉性，假设他们会主动熟读手册内的各项规则。看来，我们在校规说明方面应多下一点功夫、多一点主动。

个人反省

＊当你吩咐学生做功课或其他事情时，你的指示是否清晰、具体和可行呢？

具体实践

＊多利用各种场合（例如家长教师会），向家长解释一些较为特别及重要的校规。

你的补充

食 古不化

你们要灵巧像蛇，驯良像鸽子。

——《圣经·马太福音》

　　某天，我接到一个家长的投诉电话："校长，你校的某训导老师前天检查我儿子的头发时，说他额前的头发过长，叫他去剪，于是我儿子便去剪了。但他说不够短，要我儿子昨天再去剪。好！我儿子昨天又去了一趟，谁知那个训导老师仍然不满意，说仍然不符合校方的要求，要我儿子今天立即再去剪，还说不剪便要记过，简直欺人太甚！不但我儿子，就连作为母亲的我，听了也很生气。我儿子今年已经读中四了，给他一点尊严吧！那个训导老师又实在太过固执……"到了课间休息，我立即去问个明白，看个究竟。

　　我先去看了那位中四学生。一看便知，他额前头发的长度确实和校方规定的相比长了少许，真不明白他先后给理发师两次钱，到底干了什么回来？原来是这个爱发如命的小家伙，千叮万嘱要理发师"剪下留发"，酌量修剪一下便了事。我仔细观察，这小子额前的头发确实比未剪前短了，但正如那位训导老师所言，的确尚差少许才"合格"。老实说，即使要他再多剪一次也不算是什么苛求，问题只在于如何叫他剪而已。

接着，我请来那位训导老师。我向他解释，该名学生的头发长度虽仍未符合校方的要求，要他再剪是合道理的，但既然他已听从老师的吩咐，总算剪了两次发，所以可否给他一个宽限期，不必要求他第二天再剪呢？我花了不少唇舌，才劝服那位老师，而那个小家伙亦自知有不是之处，所以也接受这个建议，一场师生冲突才幸免产生。

凡事若操之过急，或固执地强行要求学生听从己命，而不体察学生的心情和感受的话，往往只会弄巧成拙。因此，当老师执行校规时，宜灵活处理，正所谓"殊途同归"，要对付这班"马骝"的方法又何止千万呢！

个人反省

* 当你与学生相处时，是否只顾及自己对他们的要求，而忽略了对方的想法和感受？

具体实践

* 做人处事时多考虑"易地而处"，同时要顾及对方的感受和处境。

你的补充

非一般的对待

在公正中长大的孩子，会明辨是非。

——罗乐德

阿健读中二，他的"威名"早已传遍同年级每个同学的耳朵。他在班上是名不折不扣的捣蛋大王，以扰乱课堂秩序为己任；在校外则经常打架、吸烟、看色情漫画、流连电子游戏中心……很多老师一见到他，相信连吃十粒"阿斯匹林"也无法缓解头部的反射神经痛。对于阿健，大家不存着半点好感，只希望他早日中三毕业，后会无期。

一日，阿健又被训导老师处罚了，原因是他在下楼梯时，竟然向上层窥看女同学的底裙内裤。坐在训导处一旁的我，只见阿健哭丧着脸大声说："阿 Sir，很多人都这样做，为什么你偏偏只罚我，而不罚其他人？"他边哭边继续说道："个个人都不喜欢我，一犯事就针对我，个个都想我'衰'。好像上次的吸烟事件，阿文、阿风等人都有份，但你们只捉我一个，又要见家长又记过，但他们就什么惩罚都没有……呜……所有事都'屈'我'赖'我……阿 Sir，我知你们有心想'整死'我，要杀要剐随便你，但……但我就是不服气……你们太不公平了！"说罢，阿健便握着拳、低下头，默不作声，继续强忍其男儿泪。这时，我看得出阿健的泪水并非因怕受罚而流，而是因满腔委屈和怨恨而淌。

其实，老师未必如阿健所说那般存心"整死"他，但坦白地说，老师是否会不自觉地对一些乖巧的学生宠爱有加，而忽略了行为有偏差的顽劣学生则不得而知。由于这些学生大多不太讨人喜爱，我们很容易便会被先入为主的成见所影响，当学校出了什么乱子，全都算到他们身上。我们要校规可以发挥功效，要学生被处罚得心服口服，似乎还要看执行者是否是公正无私的"包大人"呢！

个人反省

* 有没有一些学生特别讨你喜欢？有没有一些学生让你觉得特别讨厌？

* 扪心自问，你对这些学生有没有偏心？

具体实践

* 经常提醒自己：不论赏罚，要尽量做到公平公正。

你的补充

Ⅳ 校园对外观

我 来自恶人谷

**治疗彼此的最有效方式，
是倾听彼此的故事。**

——瑞贝卡·福斯

　　某天的课间休息时间，有个男生因贪玩之故，竟站在教室门外，用脚钩倒一名正要离开教室的女同学，使她撞伤了嘴唇及眼角。校方得悉后，立即打电话叫来救护车及通知双方家长。很快受伤女生的家长一行三人，已赶到学校来。

　　未见其人先闻其声，在校长办公室方圆一百米范围以内的地方，已经可以感受到这三位家长的怒气。她们一进校务处，便大声地叫喊着："喂！快些叫校长出来见我！如果我女儿破相，我一定告死你们……""喂！你在做什么？还不快快叫你们的校长出来？"来不及等秘书小姐的通知，我已第一时间出去"迎战"。来到校务处，只见可怜的秘书小姐已经被吓得花容失色，瑟缩在某个角落里。至于那三位来势汹汹的家长，则气愤得满面通红。见到如此情形，我忽然感觉自己好像抗战时候的什么"长江一号"，为救"同胞"，勇敢地站出来暴露自己的身份，说："我是校长。"

　　还来不及请她们进入会议室，这三位家长已打算将我"就地正法"，你一言、我一语地向我展开"炮轰"。等来到会议室后，她们的表现更加"放肆"，又拍桌子、又指着我的鼻尖，更用高达九十分贝的声浪向我破口骂道："校长，你怎么搞的？如果我女儿破相，唯你是问！""快叫那个衰仔来向我们道歉，还要叫他赔药费……"我虽然心里很不是滋味，但我也明白到她们为人父母的心情，于是唯有忍着内心的不快，沉默不语，待她们发泄完后才耐心地再作解释。过了二十分钟，她们的声浪开始减弱，怒火亦有所消减，我才有机会发言。

最后，男生的家长也来到学校。他和儿子一同向受伤女生的家长谢罪并赔钱，再加上那名女生的伤势没有大碍，事件才告一段落。在我多年的教学生涯中，还是第一次面对如此凶巴巴的家长。

个人反省

＊你曾否遇到过一些蛮横无理或情绪激动的家长呢？你怎样处理？

具体实践

＊在对方情绪不稳定的时候，不要与他/她强行争辩或作什么理性的分析，尝试先闭紧嘴巴，静心聆听。

你的补充

流氓律师

**溺爱不是爱你的孩子，
而是害你的孩子。**

　　某次的期中考试，阿丝被同学揭发在考世界史科时作弊，偷看邻座同学的答案，经训导处调查证实后，我们便约见阿丝的家长。第二天，她的母亲和阿姨应约到校，但她们似乎不是为了解事情的经过而来，而是为"打官司"而来。我们不知道她们是否是法律世家出身，但却被她们似是而非的论据弄得头昏脑涨。

　　这两位"大律师"提出以下四大论据来质疑校方的裁决：

　　一、当事人平日在家里很乖、很听话，绝不会做出这种事情（行为论）。

　　二、证人的口供不可信，因为他们可能曾与当事人有积怨（阴谋论）。

　　三、当事人与邻座同学的答案即使是一模一样的，也不能证实是她作弊，因为每道题都有标准答案，所以答案一样也不足为奇（巧合论）。

　　四、她们昨天已问过当事人整整一个晚上，当事人说自己没有作弊，是同学冤枉她（"阿丝话"论）。

此外，她们还向校方提出三大要求：一、撤销对阿丝的指控；二、不可以给阿丝的世界史科零分；三、不可记大过。

双方争辩了好一阵子，训导主任最终也被这两位家长那种无理、偏袒子女的态度和言辞气得无话可说，唯有将"案件"延后处理。

第二天，投诉阿丝考试作弊的几名学生，竟然向训导主任表示要撤销对阿丝的指控，因为他们都受到对方家长的恐吓。就这样，我们便在缺乏人证的情况下，无可奈何地终止对有关事件的调查。我们除了感到无奈及气愤外，还替阿丝感到难过，因为我们不敢想象，在一个盲目偏袒子女的家庭中，她将来能否得到真正的幸福。

个人反省

* 当你的学生或子女犯错时，你是否会偏袒他们?

具体实践

* 当你知道有家长为了自己的子女而做出一些不正当的行为时，尝试平心静气，举一个类似的个案给这位家长听，并引导他/她换位思考，看看对方的反应。

你的补充

鞋子里的秘密

教育，岂止无时空的束缚，
更无对象的限制。

"初到贵地"的中一新生，可能要兼顾的事情实在太多，无暇顾及自己的钱包的关系，以致他们遗失钱包的频率每年都是全校之冠。为此，所有中一班主任便要身兼"管家婆"一职，定时检查同学们的钱包，叫他们只带适量金额的钱回校便可；此外，还要天天嘱咐他们必须把钱包随身携带，不可以随意放在书包或书桌内等等。总之，除学业及行为上的问题，中一的班主任老师还得要贴身照顾这班小朋友生活上的每个细节，似乎跟"保姆"没什么分别。

中一A班的杰仔，不知为何，每次在老师巡查钱包时，他的表情总是怪怪的，但他的钱包和书包却没装有违校规的物件。后来，班主任终于忍不住了，约杰仔单独会面，问个究竟。一问之下，才得知原来杰仔每天都带了超过一百元回校，时而二百，时而三百，而这些钱就秘密地放在他的鞋子内，十足像藏"私房钱"似的。经过老师的追问后，才发现这些钱原来是在父母茫然不知的情况下，由爱孙如己命的祖母悄悄给杰仔的。若将这些钱放在家中的话，杰仔担心会被母亲发现，所以才想到这个万全的"好地方"。

不过，小小的中一生带这么多钱回校实在是没必要且危险的，再加上为了避免杰仔被祖母宠坏，老师最后还是约见了家长，将事情的始末告知杰仔的父母，希望他们日后多加留意，并费了不少唇舌才劝服其祖母以后不要再给孙儿这么多钱。可见老师的教育对象有时不只是学生，还有家长，甚至是家长的家长。

个人反省

* 如果你是杰仔的祖母，你应怎样做才算适当地表达了对孙儿的爱？

具体实践

* 提议学校举办家长座谈会或印制小册子等等，"教育"家长教导子女的正确方法。

你的补充

"黄"氏一族

孩子是你们的，你若要他们学坏，我们也无力阻拦。

中三男生小黄，竟斗胆带色情漫画回学校，并于上课时仔细欣赏。所谓"上得山多终遇虎"，某天，他终于被老师当场抓住，人赃并获，并"押解"到训导处来惩治。查问之下，才得知原来小黄"一门三杰"，除他之外，他的父兄也是该类漫画长期忠实的读者，而他每天带回学校的漫画，正是由其父提供的。

为了进一步了解小黄的家庭状况，学校便约见了他的母亲问个明白。小黄的父亲是一名泥水匠，母亲则在酒楼当洗碗女工，家境贫困。据其母说，最先是小黄的父亲买些色情书刊回家看的。为人母亲的，为了儿子着想，虽已三番五次劝丈夫不要再买这些书刊回家，但他父亲不但不听劝告，反而将之随意丢放在家中的每个角落，使得小黄两兄弟唾手可得。丈夫不听劝告，母亲唯有转移目标，苦劝两个儿子不要有样学样。结果，当然是三个男人一条心，三父子更经常在一起，共享"阅读"的乐趣。

由此可见，整件事的关键全在于小黄的父亲身上，于是，辅导处的老师便多番诚邀其父来校一聚。当辅导老师一见到小黄的父亲，就被他吓了一跳，这不是因为他那魁梧的身材或满布泥土的身躯，而是他那语出惊人的粗言秽语。小黄的父亲刚一坐下来便说："我看那些书，是我的事。我叫他们不要看，他们不听，我有什么办法？你们做老师的，不管学生，管我们成年人干什么？岂有此理……"老师见此，只好支吾以对，因为心里知道，再说下去也是枉费唇舌。

　　面对如此一个不会为孩子着想的父亲，我们真不知如何是好，我们总不能叫小黄不回家，不认他的父亲。看见小黄，我们的心便沉了下去，除了苦口婆心地告诉他看色情漫画的害处，以及多介绍一些益智的课外书籍给他看外，我们还能够做些什么呢？

个人反省

＊若遇上只会将教导儿女的责任推到学校身上的家长时，你会如何应付？

＊你是否在有意无意之间，将一些个人陋习传给你的学生或子女呢？

具体实践

＊加强学生在性方面的正确知识，以免他们因出于无知和好奇，而受色情媒介的荼毒。

你的补充

伟大的阿姨

一个人生命最珍贵的那一部分，就是他微小、默默无闻、不为人知、发自仁慈与爱的善行。

——威廉·沃兹沃斯

某天，中三女生阿梅被同学发现在洗手间内喝消毒药水，企图自杀，幸好及时获救，未酿成大祸。不过，这件事却轰动了整个学校，因为阿梅为人思想成熟，绝非问题学生。要了解整件事，得先从她的家庭背景说起。

原来阿梅的父母早已离异，留下她们三姊妹由阿姨抚养。阿姨是一名无证小贩，姨丈则是楼盘散工，没有固定收入。他们本身已育有三名儿女，现在还要靠那微薄的收入养活六个小孩，生活自然非常艰难。虽然如此，阿姨不但没有半句怨言，还对这三个姨甥爱护有加，宁愿自己在生活上节衣缩食，也要将最好的给予他们，然后才是自己的儿女。

得知阿梅企图自杀，阿姨立即飞奔到学校来。当辅导主任告诉她阿梅最近的情绪非常低落时，阿姨便号啕大哭，而且愈哭愈厉害。过了好一阵子，阿姨才可暂忍泪水，娓娓道出这段辛酸故事的另一半。虽然阿姨家的经济条件不好，但由于可怜三个姨甥无人照顾，不忍心看着她们被送入孤儿院，便毅然答允收养她们。由于当无证小贩的收入不稳定，她便在晚间兼职，当起餐厅的服务员，每晚工作至凌晨一点才回家。更令人钦佩的是，这位阿姨无论多么忙碌，每星期总会抽出一晚留在家中，照顾阿梅三姊妹。如此辛劳的日子已过了好几年，最后，阿姨因疲劳过度使身体变得日渐衰弱，更不幸的是，她患上了精神衰弱症。因此，阿梅不忍心再成为阿姨的负累，以为一死便可以解决问题。

最后，我们委托辅导老师及学校社工跟进此事，希望可以在各方面帮助到阿梅一家八口；而我亦借此机会，谨向这位阿姨对爱的坚持、为爱而舍身忘我的精神致以最深的敬意。

个人反省

* 你对你的家人、朋友及学生，可以做出怎么样的牺牲呢？

具体实践

* 每天自发地、无条件地为他人做一件好事。

你的补充

家长们，辛苦啦！

有您的支持，我感到浑身是劲。

我校的"家长教师会"成立已有两年。通过这两年来的会议及活动，家长与学校的关系也得以慢慢建立起来，特别是家长委员，他们对校务的支持和协助，使不少老师都得到很大的鼓励。

自去年开始，在中一新生注册入学的两天时间里，家长委员都会向学校借用两块展板，用以介绍家长教师会的活动，并于展览当日派委员值班，向前来参观的家长介绍展板的内容及招募会员。以去年为例，一个上午便已招揽到五十多名"新人"，我们除了对这班家长委员那纯熟的"推销"手法感到惊叹之外，还非常欣赏他们的投入。

学校为防止中一的学生在外午餐时会沾染不良的习惯，于是，同样自去年起，计划实施中一学生留校午餐的计划。不过，已经是"三头六臂"的老师，平日已为烦琐的行政工作、教学工作及学生的行为和情绪问题弄得心力交瘁，哪有多余的时间和精力去处理学生留校午餐的事呢？当我们将困难与家长们商量时，他们的即时反应是："是的，老师们太辛苦了，让我们来分担一下你们的辛劳吧！"

就这样，他们决定每星期抽一两天来看管学生留校午餐，顺道可以观察子女们的交友情况。有了这班好帮手，事情便轻易地得到解决。

去年二月，我校为了改善教学环境，便在家长们的协助下，举办了一个筹款晚会。当晚筵开二十多席，老师和家长们济济一堂，在开怀畅饮之余，部分家长更捐赠名贵奖品或赞助酒席，使当晚共筹得款项五万多元。数目虽然不多，但看到家长们那份既出钱、又出力的热心，已令我们感到无限快慰。

个人反省

* 当你处理校务或学生问题时，是否在适当的时候，利用到家长这个好帮手？

具体实践

* 当你处理一些学生违规的事情时，尝试与家长共同商讨解决的方法。

你的补充

少年武松

教育工作是时候谈"一体化"了。

中二学生阿松是家中的长子嫡孙，甚得父母亲和祖父母的宠爱，因此他养成了一个骄横暴躁的性格，稍不如意，便大发雷霆，任何人也阻止不了。

有一日，阿松没交作业，竟"恶人先告状"，与班主任发生了冲突。突然，他独自离开教室，飞奔至学校大门，企图离校。班主任见状，立即吩咐工友关起大门。可能因此更激怒了他，阿松便走到大门旁的花槽，随手拿起花盆便往前抛，花、泥土和碎瓦片向四处飞散。由于情况危急，我们便一方面通知家长，请她火速赶来；另一方面致电教育署，向特殊教育中心辅导组寻求协助。通过电话，对方即时教导我们处理的方法。我们先吩咐所有教职员工远离阿松，然后派两位辅导组老师远远地监视他的动静。不久，阿松的母亲赶到现场，我们便请她待儿子的情绪平复后才上前劝阻他。扰攘了好一阵子，阿松的情绪终于稍微平复，见到母亲时更放声大哭起来。最后，我们向家长解释事情的经过，然后请她先带阿松返家休息，待他的情绪完全平复后才返校。

第二天，特殊教育中心辅导组应我们的要求，派了一位教育心理学家来校，与老师们商讨处理阿松的事。事隔两天，阿松在母亲的陪同下重返校园。头两天，他的情况还好，但到了第三日又故态复发，与邻座的同学发生冲突。不过，我们这次因早已得到专家指点，掌握了应付阿松的方法，事情才得以顺利解决。此外，那名教育心理学家也有定时与阿松面谈。如是过了大半年，在教育署、家长及校方的共同努力下，阿松的情绪已渐受控制，上课时的态度也大有改善。

阿松这个个案，我们实在很感激教育署的全力支援。从这件事中，我们深深体会到，教育同行实在不宜再故步自封，应踏出校园，与社会上不同的机构和组织联手，才有能力应付日趋严重和复杂的青少年问题。

个人反省

＊当你解决问题时，除了身边的人外，曾否利用过社会上的不同资源呢？

具体实践

＊从今天起，每星期搜集两三个有助于你处理学科及学生行为问题的机构的联络资料，从而建立个人的教育联系网。

你的补充

告状记

我们不是全能之神，
我们也有无奈、无助的时候。

　　某年学期将尽的时候，我接到中四"明星级"学生——阿昆的家长来电："校长，如果你坚持拒绝收留我的小孩，硬要赶他出校的话，我便向教育署投诉……"

　　阿昆是"明星级"学生，只因他"好事多为"、"声威远播"。中一时，可能他年纪尚少，"不懂事"，行为和成绩还算中规中矩；但自从升上中二之后，他便"逢二进一"，年年留级，至于行为方面，更是越来越糟。初时，阿昆最多只是不交作业及骚扰同学上课，后来却偷窃、纠党打架、恐吓甚至涉嫌加入黑社会。六年来，他曾去过警署数次，见社工多过见父母，但他自始至终依然死不悔改，继续尽情展现"真我的风采"。

　　阿昆之所以有勇气与学校和警方为敌，全因家人的无限"爱护"和"支持"。其父是一名经营地产的暴发户，而阿昆是家中的独子，其他都是姊妹，于是，他便集万千宠爱于一身，可谓"要风得风，要雨得雨"。早在中三时职业辅导老师已与阿昆的父母多次接触，劝他们让儿子转读职业进修学校或其他工业中学，但其父认为"工字不出头"，没前途，于是坚持让儿子继续在我校就读。结果，阿昆的中四成绩及行为一如所料，不但令人失望，更令人愤怒。最后，为了他及学校着想，我们一致决定要阿昆离校，亦因此招来对方家长的不满及投诉。

不久，教育署真的来电，问我们开除阿昆的原因，于是，我便将阿昆历年来的"枭雄事迹"原原本本地如实相告。岂料教育署听罢，不但不为我们解决问题、设法安置阿昆，反而强行要求我们收他回校就读。因按照教育则例，除非某生有刑事案底，否则，学校不可以叫他离校。当老师们得悉这项"最高指令"时，瞬间像被刺破的气球般泄了气。第二天，见到阿昆背着书包大摇大摆、神气地进入校门时，大家都感到极其无奈。当时，我们心里都抱着同一个疑问：教育署的设立，是要协助学校解决问题，还是将问题带回学校，让我们独力解决和承担呢？

个人反省

* 你曾否因教育局的某些限制，而在教导孩子的道路上感到气馁或无奈？最后，你是如何面对或跨越这些限制的？

具体实践

* 你对现行的教育制度有什么不满之处？试透过教师会向教育局表达。

你的补充

不可超越的"三"

遇到困难时我从不气馁，
因为我知道方法必然不止一个。

又一个因缺乏家人照顾而误入歧途的青年。

中二女生阿菊，父母因为要在大陆谋生，故一直由祖母照顾。不论校内校外，她的行为之差实在不像是一个初中生所为。不过，她也会有"动力"的一面，便是每晚在卡拉OK当兼职，要在学校或家中寻找到她的芳踪，似乎有点"妄想"。

某天，学校接到一个由警署打来的电话，说之前在某处有两帮人集体斗殴，其中有本校学生牵涉在内。不用多说，阿菊当然有份，但想不到的是，事件却是因两帮人为争夺阿菊而起。阿菊被警方问话之后，便由训导主任专程护送（押返）她回家。

因该宗斗殴事件牵涉黑帮分子，训导主任见事态严重，便罚阿菊校外停课三天，并记大过两次。不过，你罚你的，阿菊根本全无悔改之心，反而变本加厉，将麻烦由校外带回校园，在校内纠党生事。这次，训导主任可真动了肝火，要求她在校外停课一星期，但教育署却碍于条例所限，最多只批准三天。

当训导组老师得悉这个消息后，大为不满："他们（教育署）不是一线工作者，当然无法理解阿菊所造成的困扰，只会墨守成规，一点都不会变通！""是啊！这么多掣肘，还有学生怕我们吗？"事后，我虽然多番向教育署求情，希望获得额外通融，但都未获得允许，既然如此，唯有寻找其他办法。

最后，我们与社工商量，让阿菊暂时入住社署管理的中途宿舍。结果，经过繁复的手续，以及在得到阿菊父母同意的情况下，终于申请成功。加上社工不断的辅导和跟进，三个星期后，阿菊在行为上果然有所改善，她不但开始戒烟，还减少了逃学的次数。能够见到浪子回头，大家也感到很安慰。

个人反省

* 在你的教育生涯里，你觉得教育署与你的关系怎样？

具体实践

* 当面对外来的束缚及限制时，不要立即感到灰心绝望，尝试通过另外的途径着手解决。

你的补充

校园御林军

天生我才必有用。

为了照顾（其实是降服）学习动机低的学生，学校的各大组别经常都会召开特别的"掌门大会"，挖空心思来共商对策。数年前，他们又有好计谋，企图利用纪律部队的操练方式来训练这帮学生。再加上学校大门附近的道路有一个大转弯，在交通安全方面存在着一定的危险性，因此这帮"诡计多端"的掌门人，便想出成立交通安全队这一石二鸟之计。

要成立一支交通安全队，除了老师外，更需要警方的协助。在这方面，我们得到警民关系组的帮助，他们安排了一位警方交安队的队长给我们，负责训练这帮"杂牌军"。训练为期两个月，每周一次，内容则精彩绝伦，包罗万象：最基本的当然是步操，此外还有交通条例的讲解，以及执行任务时的注意事项等等。其认真程度，绝不亚于正式警员的训练。

到了十一月中旬，我校史上第一支交安队正式成立了。执勤第一天，每个队员都穿着整齐的制服，戴上白手套，雄赳赳地挺起胸膛站在大门外，双手一挥、口哨一响，认真地指挥同学们过马路。

在一旁的警员亦不停地指导，纠正他们的姿势及提醒他们在执勤时的一些注意事项。

经过一个多星期的实习，一切都渐渐上了正轨时，警员便功成身退，安心离校。现在只见平日经常不交作业的阿麟、时常被老师罚站的阿辉、出入训导处也视作无所谓的阿娟，个个都变成循规蹈矩、充满自信的交安队队员了。去年，他们还参加了每年一度的大汇操比赛，夺得优异奖。原来警民合作除了可以扑灭犯罪外，还可以令人重拾自信、茁壮地成长。

个人反省

* 你认为"人"是可以被改变的吗？
* 你认为警民关系组对教育工作有什么帮助？

具体实践

* 鼓励一些自我形象差或学习动机低的学生，参加一两个适合他们的课外活动（特别是纪律部队），让他们从中得到改变自我的启示和动力。

你的补充

"古惑佬"

便宜莫贪。

　　在学校不远处有一个报纸摊，跟全港大大小小的报摊一样，那儿同样贩卖着一些报纸杂志和漫画等刊物，是一个极为普通的报摊。至于老板，是一位中年男士，不要说我以貌取人，怎么看他也像是一个别有企图的"古惑佬"。但不知为何，我校很多女学生都很喜欢在那个报摊流连，虽然训导处曾劝诫她们少去为妙，但却屡劝无效。

　　一日，有位中二女生向训导处报告，说遗失了一个非常名贵的书包。经负责老师的竭力追查后，很快便为这名女生寻回失物，原来是这个冒失鬼于某天放学后，忘了将书包带回家。为了证实书包是该女生拥有，训导处便循例打开书包看看。一打开，我们才明白"名贵书包"的意思，因为书包内藏有一条金项链。在训导老师的"威逼利诱"下，该女生才肯透露项链的来历，原来是那名报摊老板送给她的。再追问下去，我们发现受惠者不只是该女生，还有本校或同区其他中学的初中女生；至于礼物的种类除金项链之外，还有手表和金戒指等。更奇怪的是，对方并没有要求女生们为他做什么事，只是经常招呼她们到报摊坐坐而已。虽然不知道报摊老板的动机何在，但为了学生的安全，我们还是决定报警，并即时通知家长。

　　校方请有关家长陪同他们的女儿，将礼物悉数交还给报摊老板；而警方则请有关女生协助调查，并每日监视该报摊老板的行踪。经过一个多月的努力调查，虽然仍查不出"古惑佬"的葫芦里到底卖什么药，但自此事被揭发后，他已渐渐不敢招待女生，而到该报摊流连的女生亦较以前大为减少。

个人反省

＊有人认为无论发生什么事也应避免报警，以免影响学校声誉。你认为如何？

具体实践

＊若遇上超越老师能力范围可以应付的事时，不妨主动与校方商量是否有报警的需要，千万不要逞强。

你的补充

大题小做

立场不同，想法各异。

我校与警方之间曾闹过一件不愉快的事。

某天放学后的下午，一位低年级的学生慌慌张张地跑到训导处，报告在离校不远处，有两帮青年正在打架，当中有些是本校学生。训导老师听罢，便飞奔赶往现场。学生一见到老师，有如见到猫的老鼠般立即四散，幸好，由于老师尚算有点威严，还有能力喝停一两个学生，并将他们带回学校审问。经查问之下，发现此次事件牵涉黑道中人，为慎重起见，校方亦不敢怠慢，即时致电报警。经警方重案组探员调查发现，原来是两帮"大佬"为夺得美人归而互动干戈，幸亏双方都没有人受伤，否则，事态势必将更加严重。

整个调查过程都是在学校进行的，警方并没有将这一行人带回警署处理。经过两小时的盘问，警方人员只向个别学生作口头警诫，然后便让他们离去。训导老师见此，便满腹疑团地问道："阿Sir，你们打算怎样处理我校的学生？""我们已经个别作了警诫。""不过，他们又打架又牵涉黑社会，你们只作口头警诫便可了事吗？""他们又没有伤人，没什么大不了的；至于黑社会，他们只不过是随便说说罢了，根本就不是什么黑道人物。""那么，你叫我们怎么办？"
"你们学校要记过、要停课，是你们学校的事了！"说完他们便走了。

　　警方的处理方法使训导老师大为不满。由于大家的观点与角度不同，往往警方认为是琐碎的事，在学校看来可能会是相当严重的大事。以这次事件为例，警方对犯事分子只作口头警诫，并没有采取进一步的行动，训导老师担心如此过轻的惩戒，不但对犯事的学生起不到任何恫吓作用，反而可能会助长他们犯更严重的罪行。警方如此"宽宏大量"的处事方法，实在令学校深感难以驾驭这帮"黑分子"。

个人反省

＊如果你是一名警员，你认为警方在上述事件中的处理手法恰当吗？

＊如果你是那名训导老师，你又认为如何？

具体实践

＊当遇上立场不同的人物或机构时，尝试向对方解释自己的情况及难处，尽量得到对方的理解。

你的补充

V 校园厨师大炮制

防 微杜渐

预防胜于治疗。

　　每年七月初学期将尽时，学校都会开个编班会议，请有关老师及组别商讨来年各级班别的编排事宜。因编排原则基本上是以学生的成绩优劣而定，所以成绩好与坏的学生便会各自组成不同的班别。某年很不幸地，中二某些成绩与行为较为差劣的学生，来年被集中编排至中三C班，以致当学校邀请老师担任该班的班主任时，没有人愿意成为这个"部落"的"酋长"。

　　为此，训导组想出一个"先发制人"的办法，降低该班出现问题的机会，亦即降低其厌恶程度。训辅两组老师先认定十个行为有问题的学生，联合校外的志愿团体，利用暑假为他们"度身定做"一些有益身心的活动。首先，学校邀请了某机构的外展队，与他们商讨处理这十名学生的方法；外展队也利用他们的专业知识，借着活动及小组等形式，以"人盯人"的政策来接触这些学生，先与他们建立良好的关系，继而了解他们的内心世界，引导他们重踏正途。

　　其次，学校又邀请了某机构的青少年中心来协助。他们邀请那十位同学参加在越南举行的"军训营"，利用在大自然的生活中，教导他们一些生活的技能、解决问题的方法以及人际关系的沟通技巧等；又在营中让他们分享自己的感受，增加学校对他们的了解。

暴假过去了，但上述两个机构并没有因此而停止他们的工作，他们继续与老师联络，跟进这十名同学的情况。而训导组则在学期一开始时，特意为中三C班办了个家长会，希望在学期一开始时便可与家长保持合作，双管齐下，不，是"四管"齐下才对。结果，终于有老师愿意做该班的班主任，而一年来，那几位同学虽然偶尔也会制造一些麻烦，但已比想象中好很多了。

个人反省

* 在处理学生的行为问题时，你是倾向于事前的"预防"，还是事后的"治疗"呢？

具体实践

* 尝试为你的学生举办一些预防性的活动。有需要时，可考虑与校外的志愿团体合作。

* 课余时，不要老是待在教员室内，多到校园四周走走，观察一下学生在课堂外的行为举止，防患于未然。

你的补充

今 时不同往日

最美好的东西是看不到、摸不到的，
但可以用心感觉到。

——海伦·凯勒

某天，一位训导老师指着一个男生骂道："为何你经常出入电子游戏机中心？那种地方不但浪费时间和金钱，而且有很多坏人，会踢你'入会'，到时你想翻身就艰难了！你听到没有？"该生似乎早已灵魂出窍、神游太虚，只是呆望着老师，不发一言。于是，那位老师继续唱独角戏："真不明白游戏机到底有什么好玩？我在你这个年纪时，不知有多用心读书，每天放学后便回家温习功课，不像你到处去玩！"

这时，那位男生终于打破沉默，气冲冲地反驳道："阿 Sir，你那个年代怎么能同我们这个年代相比呢？几十年前，什么娱乐也没有；况且，你又不是我，你怎么可以将我与你相比？"那位训导老师听后，一时间不知道如何招架是好，只好眼瞪瞪地望着他。

其实，那位学生所说的不无道理。那位训导老师在处理这件事时，只顾将自己的想法、自己的价值取向强加在学生身上，期望对方的行为表现跟自己一模一样，根本没有考虑到每个人是不同的，也没有意识到时代的不同。如果那位老师换个说话方式，例如："电子游戏机中心有什么吸引你的地方，令你经常流连忘返呢?"这样，他才算做到从学生的角度看问题，才能探索到学生的内心世界。待了解对方的想法及感受后，再与他分析在电子游戏机中心玩耍的利弊，这时，对方听起来才心悦诚服，问题亦可迎刃而解。

个人反省

＊当你处理学生问题时，是否只从自己的角度看事情?

＊当你与学生讨论问题时，有没有尝试先了解他们的内心世界?

具体实践

＊尝试进入一些青少年喜欢去的场所，如卡拉 OK、电子游戏机中心和漫画书店等，以了解他们的喜好。

你的补充

二 分法

我们可以不接纳学生的不良行为，
但不能不接纳他们是有生命的个体。

现今社会高唱反歧视，政府也呼吁社会人士接纳一些犯过事的人，好让他们重新融入社会。不过，碍于不少人的无知和偏见，很多时候都使得这群人最终也得不到改过自新的机会，从而再次踏上不归之路，实在可悲。但更可悲的是，想不到这种愚昧无知的偏见，却在教员室内——一个聚集了一帮理应深明大义、饱读诗书的知识分子的地方也屡见不鲜。

每年九月中旬过后，学校内的各个组别及学会都会四处招兵买马，请各位老师推荐他们的"心腹"当领袖生或学会干事等。在这段时间，在教员室内你经常可以听到类似以下的对话：

"文 Sir，你认为陈小西适合做领袖生吗？"

"他呀！好像在中二时犯过事，但不记得是什么事了……好像是打架之类吧！"

"但他现在不是很好吗？自升上中三后便每天交齐作业，又有礼貌……"

"'有案底'的人，怎么说担任领袖生也是不妥当的。"

"那么，郑美丽又如何？"

"她呀！好是好，不过有一次她在我面前说谎，所以我有点保留。"

就这样，这些老师往往可以将某学生一些早已被人遗忘的"咸丰年代"的事迹，一一细数出来，有时真想提议他们不如转行写人物传记罢了。这时候，偶尔也会有一两位老师义正辞严地将一盘"冷水"泼过去：

"喂！你们不可以这样，他们是我们的学生，虽然他们曾经有错，但不是已经改过来了吗？"

"对啊！不可以学生一'有案底'，便不给他们'翻身'的机会，这样对他们很不公平。"

没错，学生是学生，是一个个活生生、有生命的个体，是值得我们去爱护的。当他行为出现偏差时，我们可以不接纳他的错误行为，但无法改变他是一个"人"的事实，"行为"与"学生"是不可以混为一谈的；况且，即使身为教师的我们，不曾也犯过错吗？

个人反省

* 你怎样看待你的学生？你是否只看到他们的行为问题，而忽略了学生的本质？
* 如果被贴"标签"的人是你自己，你会有何感受？

具体实践

* 对于那些犯过事的学生，写出他的哪些行为是你无法接受的；同时，也写出他的哪些个性或品格是你所欣赏的。

夺命狂呼

对症下药，药到病除。

中二男生阿德的个子虽小，但叫喊起来的声音却相当洪亮，有时真怀疑他的身体结构是否正常。他平时最爱在上课时献技，在大家全无心理准备的情况下，突如其来地表演他的"狮吼功"，可惜的是，没有人欣赏他这项奇技，因为这不但严重影响课堂秩序，更甚者，有令人吓破胆及缩减寿命之嫌，于是班主任便将这位奇人交由我处理。

与他交谈两次后，我发觉阿德这样做的目的，其实只是想得到别人的注意。明白了他的意图后，我便再查探他的家庭背景。原来阿德生长在一个小康之家，父母经常外出做生意，只留下菲佣与他二人在家。虽然父母可以满足他在物质方面的要求，但却无法弥补他心灵上的孤寂，即使有心事，他也找不到倾诉的对象。因此，他便转移视线，打算在学校寻求别人的注意，得到别人的关心。

了解整件事后，我一方面鼓励阿德结交班上的同学，培养多方面的兴趣；同时，我也与他约法三章，帮助他戒除在上课时大叫大吵的恶习。为此，我特意为他设计了一个"大叫次数表"（见后页），并委托他的班长每天负责记录，然后于放学后交给我。当然，阿德也要一同前来，与我一起讨论他的表现，以及学习一些控制情绪的方法。

经过一个星期的统计，我发现阿德在星期三的表现最好，只叫了一次，于是便给他奖励。如是过了一个月，阿德已可控制到每天只叫喊一至两次，甚至一次也没有。于是我继续与他立约，鼓励他将大叫的次数逐步减少。两个月后，阿德终于戒除了这个恶习，现在，他只在一个月内偶尔叫一两次罢了。

星期 大叫次数	星期一	星期二	星期三	星期四	星期五
0					
1			√		
2		√			√
3				√	
4	√				
5					
6					
7 或以上					

个人反省

＊当你帮助学生戒除某些陋习时，是否会操之过急或"一刀切"呢？

具体实践

＊尝试用立约的方法来帮助学生戒除坏习惯。若有进步，不妨给他/她一些奖励。

人 体雕刻

投资有价。

中二 B 班有三位女同学，她们彼此相当默契，情同姊妹，相信其中一个原因是她们有着共同的爱好——在手臂上"雕花"。这三朵姊妹花在手臂上"雕花"的原因实在数不胜数，例如：情绪低落、向男友示爱、很高兴、威吓老师，甚至是企图自杀。但不论原因为何，这种"游戏"实在太危险；此外，若不加以制止的话，它便会像传染病般蔓延出去，成为一种风气。为了帮助她们戒除这个恶习，我们决定与学校社工联手，成立一个专门小组，从长计议。

首先，我们分别约见这三朵姊妹花，了解她们的家庭背景、交友情况、学业成绩及性格等。结果，我们发现她们都是学习动机及学习成绩较为低落的一群。她们平时喜欢到处结交男孩子，其中一个更因为复杂的家庭问题而经常有家不回。要帮助她们，看来非要投入大量时间及精力不可，实非单凭个人之力可为。

首先，我们每星期放学后约见她们一次，进行个人辅导。除了不厌其烦地解释在手臂上"雕花"的害处之外，还请她们写下一些不愉快的个人经历和感受，然后再请她们互相进行讨论，找出解决

110

的方法。此外，我们还协助她们订下一些短期目标，例如：疏远某些损友、做好某科的功课等等，并要求她们于每次小组时间报告自己的近况；若达到目标，可获奖励。

　　三个月后，当她们情绪低落时，偶尔也会手痒，再显露一两下身手，但次数比以前已明显地减少了。有两个同学在学业方面甚至有些细微的进步，而且与家人的关系亦有所改善。

个人反省

* 你是用什么方法来消除班中一些不良的风气的？例如看不良漫画、上课时吃糖果等。

具体实践

* 当你感到单靠一人之力无法帮助学生解决困难时，尝试寻求其他同事的协助，改用小组形式来解决问题。

你的补充

智取与力敌

计划周详是我们的取胜之道。

      课间休息铃声一响，一位初执教鞭的老师便气冲冲地离开教室。一走进教员室，他便起劲地把书本拍在办公桌上，气愤地说："中三D班那班的男生上课时又吵又叫，我不知罚过他们多少次，但全无作用！他们简直是街上的市井流氓，我实在无法继续忍受下去了……"那位老师愈说愈激动，他的眼睛睁得大大的，手不停地在发抖，整个教员室的同事都被吓得目瞪口呆，默不作声，最后还是由勇敢的训导老师上前去安抚他。

      造成上述情况出现的原因可能很多，也很复杂，但我认为这位老师亦无须太激动，因情绪波动便什么都做不成。其实，他可运用长、短二线，软硬兼施的策略来对付这帮"调皮鬼"。短线的强硬措施便是命令扰乱课堂秩序的男生，在一个期限内，于每次上课前都得先在操场列队，待集好队后，方可依次返回教室。这样做并不是要惩罚他们，而是要训练他们守秩序。若情况令人满意，则可缩短排队的日子，并在适当的时候给予奖赏和鼓励；相反，便延长排队的时间。有一点值得留意的，是这些学生通常会在短时间内便有所

112

改善，但过后又会故技重演，所以老师必须持之以恒，有时可能要花上几个月，甚至半年时间也不足为奇。

与此同时，老师要同步进行长线的怀柔策略。所谓"擒贼先擒王"，首先要将这帮同党的"首领"找出来，并将他与其他学生分隔开。平时，多利用课余时间与他个别谈话，尝试多了解他、关心他，一方面找出他惹事捣蛋的原因，另一方面尽量与他建立一个良好的师生关系，这对管理学生秩序是相当重要的。

只要保持头脑冷静，再加上周详的对策，哪怕对方是"齐天大圣"，也无法逃出我们的"五指山"。

个人反省

* 遇上顽皮难教的学生，你能否控制自己的情绪，待计划周详后才"出击"呢？

具体实践

* 课余时，不妨多与其他同事交谈，交流一些对付学生的妙计。

你的补充

忠奸颠倒

意气用事乃兵家大忌。

叶 Sir 是一位对教学充满热忱的新老师，他的教学资历还不足一年。某天上中三 A 班的课时，一位男同学趁他在黑板上写字时，用橡胶圈练习"百步穿杨"之技，弹向前面座位的女同学。女同学当然立即向老师举报。做老师的亦不敢怠慢，立即下令叫该男生到教室外罚站。岂料该生不但不站起来，还安然地坐着大声说："阿 Sir，你都没有查实就一口咬定是我，你怎么知道她没有冤枉我呀？"叶 Sir 听了后立即大动肝火，说："这位女同学已经指证是你，你还想抵赖，我现在命令你立即出去，快给我滚！"但那名男生依然动也不动，只在那儿坐着左顾右盼。叶 Sir 上前企图拉他出去，但同样失败。

这个时候，叶 Sir 觉得他作为老师应有的权威受到极为严峻的挑战，于是他便不假思索地将那名男生的书包抢过来，并将之抛出教室。那名男生见状后便发难，理直气壮地说："你擅自抢走我的私人物件，还将它抛出去，我要告诉校长！"说罢，他终于肯站起来，并夺门飞奔至校长室告状。这时，叶 Sir 才意识到自己的表现太过激动，但在全班学生面前又无法下台，于是唯有硬着头皮继续讲课。

　　事件最终由我来平息，那名学生当然受到应有的处罚；至于叶 Sir，我亦坦言向他指出其处理手段的问题所在。首先，他这样做完全出于意气之争，根本没有考虑到这会对学生造成什么刺激。如若对方的精神状态不稳定的话，有谁可以估计到在这种争执的情况下，他会干出什么来？此外，叶 Sir 这样做，只会将自己由"忠"转为"奸"，由有理变为理亏，不但无助于解决问题，还令自己蒙上不白之冤，这又何必呢？

个人反省

＊责备学生时，你是否只顾将自己的怒气向学生发泄出来，从不考虑这对解决事情有多大帮助？

＊责备学生时，你是否抱着这样的心态：我要将作为老师的权威显示给你们看！

具体实践

＊当你被学生的顽劣行为刺激到七窍生烟时，你可以把视线挪开，并深呼一口气；如果场面很混乱，你可以叫班长请训导老师来；若情况危急，则请邻班教室的老师协助。总之请谨记，千万不要与学生发生正面冲突。

你的补充

魔鬼天使

凡事也有正反两面。

　　学校的训导处总是给人一种严肃、甚至是"煞气冲天"的可怕感觉；但事实上，训导处也是给予学生奖赏与赞美的"可爱"地方。简单而言，它只是管治和处理学生行为的组别，不论那行为是好是坏。

　　所以，作为训导老师的，不应该只针对学生的偏差行为，也应该在学生有良好的行为表现时，特别是对那些顽劣的学生，给予适当的称赞和嘉许。不过，在赞赏学生时切忌空泛，例如："你的表现好了很多啊！"因为学生可能不清楚你指的"行为"和"好"到底是什么。赞许学生时，你应具体地指出实际事例，例如："你最近迟到的次数比以前少了很多呢！继续努力！""你的校服比以前整洁了很多，看起来整个人也俊朗了不少！"这样的赞许不但可以给予学生鼓励，同时也给他们指明为人处世的正确方向。

　　据闻，本港有所中学举办了一个名为"学生群星点点点"的活动，当老师发现班中某生的行为表现良好时，便在一张精美的卡通卡片上写上赞赏的话语，并贴上学生的照片，然后将之张贴在壁报板上展示给全班同学看。过一段时间后，老师再将卡片取下来，塑封后赠送给学生做留念。

去年，我校训导处增设"操行奖"，凡操行达甲级或以上者，都可以在学年终结时获颁奖状。此外，我们还设有两项"荣誉大奖"：如果某生在班中行为表现突出，经班主任及中、英、数三位主科老师的推荐，便可成为班中的模范生；如果该模范生得到全校五分之四老师的赞同，更可荣登全校模范生的宝座。很多学生为得到这项殊荣，都变得比以前积极和努力。

个人反省

* 回想过去的一周，你在赞赏和责备学生两方面，哪方面占的次数较多？若是
  后者，到底是对方真的没有你可以称赞之处，还是你根本没有用心留意过？

具体实践

* 从今天起，训练自己多留意别人的长处，不要只看到他们的短处。

你的补充

私人藏书阁

请你好好珍惜，我为你做的一切。

近几年，不少医学报告都指出本港的小学及初中学生的书包过重，对脊椎容易造成暂时甚至永久性的伤害。为了学生的健康着想，学校除了为中一的同学订购大批储物柜外，还叫班主任教导他们如何拿书包。班主任利用每天的班主任课，将第二天需要用的书本和文具一一列出来，其余的便吩咐学生将之放在家中，或放入储物柜内；同时，学校亦致函家长，请他们每晚协助子女收拾书包，实行"里应外合"。

储物柜的出现，确实减轻了学生不少体力上的负担，但想不到这却造成了另一些问题，加重了我们工作上的负担。很多中一的同学都非常懂得"善用"储物柜，就连做功课或温习时需要用到的书本，他们也在有意无意之间统统存放在储物柜内，以致在家中没有书用，成为欠交功课及测验、默写不及格的最佳借口。此外，还有一些顽皮学生经常做些无聊的恶作剧，蓄意损坏储物柜的密码锁。为了应付这些新问题，训导处已不胜其烦、疲于奔命。

因此，训导处连忙开了一个圆桌会议。首先是密码锁被损坏一

118

事，他们决议让学生全部改用锁头，因为锁头比密码锁较为坚固及难以被损坏。

至于学生"忘记"带书本回家温习一事，则决定由班长在每日最后一节课时，将当天需要带回家的书本名称，全部写在黑板上，一来实际上可以起到提醒作用，二来可以杜绝同学再用"忘记带书回家"作为欠交功课及默写不及格的借口。

学校为了学生的健康着想，不惜腾出已经相当有限的资金及空间供购置、安放储物柜之用，但同学们却似乎不大珍惜这份心意，为求一己之便而未能加以善用。凡事只要求对方方便自己，但反过来自己却从不为对方着想，世上哪有这样霸道蛮横之理呢？

个人反省

* 你曾否为解决一个问题，而引致其他更多问题出现呢？最后你如何处理的？

具体实践

* 凡事尽量做到周详周到，不要让你的学生有任何逃避责任的借口。

你的补充

"大军压阵"

两个人总比一个人好。

在我校，"中三 C 班"可算是混乱、恐怖及烦嚣的代名词。

虽然校方已刻意安排了部分见惯"大场面"的有经验的老师去教授该班一些主要科目，但很多时候，就连他们也会"老猫烧须"，无法控制该班的课堂秩序。有一次，有位老师正要开始授课时，教室的某个角落突然爆发出一声很大的笑声，随之而来是一群男生的狂笑声。原来那天有位男生剪了个很短的"陆军装"，那帮"调皮鬼"便嘲笑他的发型难看，更指手画脚地评头论足。不到半分钟，全班学生不知何时变得如此齐心，一起笑个不停。老师虽然大声呵斥，却全不奏效。在无计可施之下，那位老师唯有先后请来了训导老师和训导主任，局势才稍微得到控制。

经过此"役"后，受惊的老师已向校方表明不敢再次踏足那个教室。为了解决上述问题，训导组全体老师召开了一次紧急会议，决定由训导、辅导、课外活动和职导等组别的老师合力组织一队"支援队"。当有问题发生时，求救的老师立即差遣班长请训导主任前来支援；训导主任接到报告后，便同上述组别有空当的老师一同前往，处理问题。有了这个后盾，那位老师才敢再次踏入中三 C 班的教室。

某日，中三 C 班又因某些小事再次起哄，于是，上述救援机制启动了。训导主任率领着四位支援队的队员，一行人浩浩荡荡地进入该班教室。学生一见"大军压境"，整个教室顿时变得死寂。训导主任训话完毕，便将闹事者带走，交由辅导组处理。支援队经过数次"出动"后，老师们才得以在中三 C 班实现授课讲学的"梦想"。

当然，以上的处理方法只是暂缓之计，要真正解决问题还须从长远的辅导工作着手，但在事态紧急的情况下，"大军压阵"不失为一个即时收效的良方妙策。

个人反省

＊你遇到过课堂秩序失控的情况吗？当时你怎么办？

具体实践

＊尝试建议校方建立一些应急机制以处理突发性的学生行为问题。

你的补充

交 出你的心

如今常存的有信、有望、有爱这三样，
其中最大的是有爱。

——《圣经·哥林多前书》

　　新界有一间"人弃我取"的中学，只收第五组别的学生。数年前，该校为了实践孔圣人"有教无类"的教学理念，便推行一个名为"树木工程"的教育计划。该计划的目标是：一、有威可畏；二、有义可仗；三、温情教育；四、长期辅导；五、积极奖赏；六、减缩课程；七、增加活动；八、家长联手。八大目标之中，我最欣赏的是"温情教育"，因为要做到这点，老师们非具备南丁格尔的毅力、德兰修女的爱心不可。

　　该校自推出该项计划后，才发现第五组别的学生并非如世俗人士所想般"无药可救"，但事先要有一个条件，便是老师必须要待学生为一个"人"，并愿意以"心发现心"，与他们"交心"。为做到"温情教育"，学校实施的其中一个环节便是举办师生校园生活座谈会。刚开始时，大部分学生都不相信可以将老师当作"知心姐姐"，可以向他们尽诉心中情，于是便以嬉笑的态度处之；但当他们逐渐发觉老师是真心诚意地与他们沟通后，同学们开始愿意表达自己的意见，表达内心的感受。例如同学们认为校规对头发长短的规定太麻烦，于是与老师协议，同意可留长头发，但必须保持整洁，而染发则不可接受。由于学生有份参与制定校规，加上老师的诚意，所以大部分同学对校规的抗拒程度都较以前大为下降。

又有一次，在师生座谈会中有一名学生说："学校的地板太脏了，上体育课时坐在地上，弄脏校服，母亲是很难将它洗干净的。"老师们都很惊讶于平时行为顽劣的学生，原来在他心中亦有关注到母亲的劳苦。由此可见，要改变一个学生，必须以"真诚"的态度与他们交往，与他们沟通，这样，学生才会因为感动而作出积极的回应。

个人反省

* 你平日是以什么态度与学生接触的呢？

具体实践

* 尝试以开诚布公、真挚的态度与学生相处。

你的补充

倒数十八分

人谁无过，过而能改，善莫大焉。

　　训导处在处理学生的行为问题时，多采取消极的惩罚方法，少有积极地奖励一些有改进、不犯错的学生，因为"奉公守法"被认为是应该的，有何可奖？为了消除这个观念，学校推行一个"功过相抵向善计划"，目的是建立一个有系统的奖励制度，让曾经犯错的学生有机会改过自省。

　　中三学生阿聪，某天与数名同学在一间快餐店吃午饭时，因吃饱后尚未付款，于是便被情急的店员稍微提醒了一下。岂料一问之下，这个"少爷"却大发雷霆地说："给就给啰！不要这么紧张！"说罢，他便从口袋里拿了二十多块钱，用力地掷在店员面前，而他那帮所谓"够义气"的同学更出口伤人，代好友"出头"。备受侮辱的店员当然心中愤愤不平，立即致电学校投诉。结果，阿聪被训导处记大过兼停课两天。阿聪的父母因担心那个大过会影响儿子将来升学，所以最后在班主任的推荐下，让阿聪参加了功过相抵的"洗底"计划。

　　以阿聪的情况来说，因他被记大过，所以被扣十八分，但若他能在指定的时间内"多做好事"，将功赎罪，便可不计前嫌，重新做人。首先，在父母的督导、协助下，阿聪开始在学习上认真起来。一个月过去了，科任老师们都一致认为阿聪的表现良好，所以愿意签字作证，让他先取得九分。适逢学校举办班际篮球比赛，而阿聪又非常喜欢打篮球，所以他便勤加练习，最后在比赛中不但成为"最佳神射手"，还被学校选为"全年最佳篮球员"。在开心之余，阿聪的体育老师拔刀相助，为他多添四分。

余下只剩五分，阿聪便靠积极参与义务工作来累积。经过半年的努力，他终于集齐十八分，将那个大过抵消了。但自此之后，阿聪也没有改变他那积极认真的学习及人生态度。从那十八分中，他真正学懂了"重新做人"。

个人反省

* 如果没有上述的奖励制度，试猜想被记大过的阿聪又会变成怎么样？

具体实践

* 尝试为班中一些行为顽劣的学生设立奖励计划，用较积极、正面的方法来矫正他们的行为。

你的补充

口供纸的妙用

人宝贵的地方，是懂得反省。

每逢学生犯事，训导老师都会叫他们"招供"，将犯事经过写在口供纸上，以便进行调查。在口供纸上，学生多数只会写上事发的地点、时间、经过及有关人物。无疑，这些资料对老师进行调查是相当重要的，但对学生而言又有什么帮助呢？他们可以从填写口供纸的过程中学到什么呢？

有一次，学校接到附近某屋村居民的投诉电话，说某天的午饭时候，我校一群中一学生到该屋村某大厦来，将晾晒在 22 楼楼梯间的衣服弄脏，并将之撕破。接着，他们又在 22 楼至 24 楼之间追逐嬉戏，骚扰居民。我们接到报告后，立即展开全面调查，很快就将一帮人等"缉拿归案"。

第一件要办的事，当然是叫他们填写口供纸。由于他们只是中一学生，所以在填写时或多或少都感到有点困难，于是我便教导他们怎样写。写完整件事情的经过后，我又叫他们反省以下问题：一、吃完午饭后为什么要到该屋村玩耍？学校是否没有足够的空间供他们嬉戏？二、玩耍的时候为什么要破坏别人的财物？三、玩耍时发出的噪音，有没有影响到别人？四、穿着校服时在校外行为不检，对自己会有什么影响？对父母有什么影响？对老师及学校又有什么影响？这样，他们便花了半个小时，一边反省及检讨自己的行为，一边认真地填写那份口供纸。

当我们看完那些口供纸、了解整件事的真相后，便致电约见家长。第二天，待众家长齐集学校后，我便向他们解释孩子们惹事的经过，还将训导处建议的惩罚方法告诉他们。家长们虽有责怪儿子的不是，但他们更欣赏孩子们那颗悔过的心。从一张小小的口供纸，家长不但看到了孩子所犯何事，更重要的是可以看到孩子在犯事后勇于悔改、愿意承担责任的态度。

个人反省

＊你在惩罚学生后，是否会做些跟进的工作？还是处罚完便了事了？

具体实践

＊学生犯错时，不要将着眼点放在惩罚的方法上，而是设法引导他们悔改，不再重犯。

你的补充

望门兴叹

只有在一个人坚持不肯放弃后，
努力的花朵才得以完全绽放。

——拿破仑

每逢踏入冬季，便是最多学生迟到的日子，而情况更是一年比一年严重。虽然训导处曾多次在早会上声嘶力竭地作出呼吁及警告，但同学们仍敌不过"睡魔"的引诱，情况依然，严重者更有迟到达四十分钟以上，待到第二节课开始上课时才返校。训导处虽早已采取记缺点这一惩罚措施，但似乎没有起到多大的恐吓作用，可见人的惰性是如何根深蒂固。

为此，训导处召开了一个特别会议，并想出一个良策：迟到三次以上者，不但记缺点一个，还要在当日放学后留在教室，写一篇以"迟到"为题的文章。写文章的目的是要学生反省自己迟到的不是之处；放学留在教室，是要隔离学生，不让他们放学后成群结队去玩，这对学生来说，可算是最"恶毒"的惩罚方法之一。

新政策实施后不久，仍有二十多个不知天高地厚的小子胆敢迟到，于是训导处言出必行，勒令他们放学后留在教室，每人写一篇以《迟到的害处》为题的文章。最初，大部分学生只写了一小段便停笔，有些甚至只写了短短的两三句便高举白旗。见此情况，训导处的老师便将每四五个学生分为一小组，每位老师照顾一组，与他们讨论该怎样写。老师坚持的原则只有一个，就是一定要他们完成一篇三百字以上的文章方可离开。

第二天，迟到率骤降五成，只有十个学生仍然迟到。训导处于是故技重施，不同的只是文章的题目：《如何防止迟到》。就这样过了一个月，迟到学生的人数明显减少了。现在，学生最多迟到一次，人数也只不过是"小猫"三四只而已。

个人反省

* 如果班中有学生经常迟到，你会怎样处理？
* 如果班中有学生经常不交作业，你又会怎样处理？

具体实践

* 遇上学生有陋习，多让他们作检讨及反省，并提出一些改善的方法。

你的补充

VI 校内大联盟

辅导老师是"水泡"？

凡事都可行，但不一定有益处。

——《圣经·哥林多前书》

每逢学年终结时，学校都会派发一份《教师意向调查表》给每位老师，让他们填写来年度自己希望担任的课外活动、行政小组、任教科目及级别等意愿。每年，都有超过三分之一的同事表示愿意从事辅导的工作，至于训导嘛……不提也罢。辅导及训导工作的受欢迎程度有此天渊之别，全因不少老师认为当训导的，很难与学生建立良好的关系；但辅导老师却截然不同，他们无须惩罚学生，凡事只要循循善诱便行，较易就可得到学生的爱戴。不过，若只抱着受学生欢迎的心态而选择辅导工作的话，是一个非常错误的想法，因为这不但会妨碍训导工作的开展，有时甚至会害了学生。

某次，学校有三个中三级的"小恶霸"因涉嫌在校外纠党打架，校方除立即报警外，训导处也有着手处理。当训导老师不厌其烦地进行查问时，这三个"小恶霸"高呼自己是自卫还击，又说老师对他们心存偏见云云，完全没有表现出后悔或合作的态度，直把老师气得无言以对。

第二天，他们更主动地走到辅导室，向辅导老师大吐苦水，说什么训导老师误会了他们，又记他们大过等等。辅导老师听后，好像接纳了他们的打架行为似的，对此错误行为只字不提，只说道："你们在我心目中都是好学生，没理由会发生这样的事！"自此之后，这三个"小恶霸"便恃着有辅导老师在背后支撑，在行为上不但没有改善，反而变本加厉；亦由于此事，辅导与训导老师之间的嫌隙也加深了。

个人反省

* 一个博得学生欢心的老师，是否就等于是一个好老师？

* 你曾经是否因避免损害良好的师生关系，而做出一些偏袒学生的行为？

具体实践

* 当要为学生平反或伸张正义时，先弄清楚他们是否真的需要你支持和帮助，因为某些学生是非常懂得"利用"老师对他们的同情心的。

你的补充

踢 他出局

人际关系中，彼此尊重是十分重要的。

阿媚是我校出了名的乖乖女，一直以来都循规蹈矩，成绩亦算不错，从来用不着父母劳心管教，直至某一天……

那时正值隆冬，阿媚的妈妈来电，称女儿因着凉病倒要请假，就这样，她一请便是整整两个星期。当我们担心阿媚到底患了什么重病的时候，阿媚的妈妈忽然主动约我单独会面，原来阿媚身上发生了大事件，她竟在星期日产下了一个女婴！她母亲也是在前一天晚上，回家见女儿胎动，才知道她怀了孕。现在，婴孩暂由"未婚妈妈之家"照顾，而阿媚的妈妈亦曾与男方（另一间学校的中三学生）的家长见过面，双方都希望学校不要将事情张扬出去，以免伤害这对"小夫妻"的自尊心。

据我们了解，原来阿媚的父母为了生计奔波、早出晚归，终日只剩下阿媚独个儿留在家中。少女心事多，却苦于无倾诉对象；再加上寂寞难耐，于是便在一时冲动之下做了这件傻事。为此，我立即召集班主任、社工、辅导和训导主任商量处理的方法。

会议中，训导和辅导两位老师的意见明显地出现分歧。训导主任认为阿媚犯了严重的校规，若不开除她，便会破坏校风、影响校誉；但与他对峙的辅导主任则认为阿媚本人也是受害者，不应受到惩罚，况且即使开除她也不会解决问题。就这样，一个从学校的整体利益出发，一个就以尊重生命、尊重个人的观点为依据，展开了无休止的争辩。

最后，我唯有出面调停，提出了一个暂时可以解决问题的权宜之策：由辅导老师及社工负责跟进，给阿媚一个月的时间，小心观察她的心理状态、自我看法及学习态度等，若有对学校或阿媚本人不利的影响出现时，才再作商讨。幸好，不单只那一个月，过去数年来阿媚都令人非常满意；去年，她还中五毕业，考入大学修读有关社工的课程。

个人反省

* 你曾经是否在处理学生的问题上，与其他老师出现意见不同、争执不下的情况？你当时如何处理？

* 当学校整体利益与学生的个人利益发生冲突时，应该如何在两者之间取得平衡？

具体实践

* 从今天起，训练自己凡事从多方面思考，这有助于你在面对不同意见时，减少与他人的摩擦和争执。

老死不相往来

生命不是一场勇敢的冒险，就是乏善可陈。

——海伦·凯勒

我曾在某中学短短任教三个月，发现了一个奇怪的现象：那儿的训导与辅导老师是很少接触的，每遇上学生行为问题出现时，总是由训导组处理，辅导组甚少过问。后来，从"路边社"消息得知，原来该校的校长是非常倚重训导组的，以致该组多年来在学校里都甚有"江湖地位"，它不但以强势的态度出现，在学校行政运作上更凌驾于其他组别之上。在"训导主导"的机制下，辅导组差不多沦为训导组手中的一颗"棋子"。看来，在"先管后教"这条牢不可破的训条下，其他所有教育理念通通都要"肃静""回避"了。

其实，辅导组也不安于这样被动的处境，曾经企图力挽狂澜、扭转宿命。辅导组曾向训导组提出，处理学生问题时不可以单靠惩罚，应赏罚并重，同时要采取鼓励性的方法才行，例如推行"模范生选举"或"功过相抵"等积极性的奖励计划等。可惜，结果是所有建议"全军覆没"，一个不留地被训导组全部否决，理由是学生只会为了这些"虚荣"而故意做好，他们根本不是真的变好。我听了后，觉得这帮训导老师不但固执，思想更是僵化至极点。就算学生为了被表扬，而故意做出一些好的行为，又有什么关系呢？最重要的是学生可以在整个过程中学懂什么叫做好行为。说回辅导组，他们在连番受挫之后变得心灰意冷，最终酿成今日训、辅两组河水不犯井水、老死不相往来的局面了。

在瞬息万变的时代里，我很"佩服"训、辅两组竟然可以有此惊人的毅力，多年来仍能维持这种各不相干的关系；我更加惊讶的是训导组竟然可以在无须辅导组的支援下，有本事独力解决学生的行为问题。到底是他们真的能干，可以解决所有问题；抑或是他们"以为"自己能干，"以为"所有问题已经解决妥当？

个人反省

* 你认为在处理学生的行为问题时，训、辅两组应扮演什么角色？

具体实践

* 尝试用训导及辅导两种方式来处理学生的一些行为问题。

你的补充

阴阳"得"调

多用你的一张嘴，说出自己的处境；
多用你的一双耳，听取他人的立场。

　　训导和辅导两组的关系，就好像太极的"阴""阳"般，无论在形式或功能上，多少是在对立中互相紧扣着的。我们相信要有效地处理学生的行为问题，正需要训、辅两组这一刚一柔的特性才行，因此，这两组同事之间的沟通和合作是非常重要的。为此，在学期初，我邀请了这两个组别的老师共同出席一个座谈会。席间，我们举办了一个无奖问答游戏，借以测试两组间的了解程度，问题包括：在处理学生的行为问题时，你希望辅导/训导组给你什么帮助？你知道辅导/训导组的主要工作是什么吗？你知道辅导/训导组的现状吗？……

　　果然一试便知"龙与凤"，原来有些老师真的不大清楚对方组别的工作范围及性质为何，难怪彼此间不时会出现冲突和争执的场面。至于对对方的期望，他们也毫不保留地尽情表达，例如训导组希望在他们惩罚学生时，辅导组的老师不要介入，不要滥用爱心；此外，训导组也希望辅导组可以辅导学生，让他们明白被罚的理由，以及

138

跟进学生日后的行为表现等，切勿"唱反调""专做好人"。至于辅导组的老师，则希望对方在惩罚学生时，特别是要记过时，应事前多与他们沟通，让他们多了解学生犯事的动机和过程等。

　　经过这次座谈会，训、辅两组彼此的了解和合作，明显地较以前增多。当然，一次座谈会并不能解决什么问题，但这是一个开始，是一个好的开始。

个人反省

* 你是否已熟知校内每个组别的功能和性质为何？若否，应及早向有关同事了解。

具体实践

* 要得到别人的理解，先清楚地让对方知道自己的意愿及情况。

你的补充

火凤凰

成功的合作是基于一起承担、彼此信赖。

在现今社会，不少犯罪集团都来个"无国界跨境大联盟"，实行一起赚钱、一起犯法；为此，代表正义力量的警方也有样学样，来招"师夷长技以制夷"。在这大趋势下，社会缩影的学校又岂可落后于人呢？学年初，我便请训、辅两组携手合作，设法对付校内一些学习动机低、行为较顽劣的班别，行动代号为"火凤凰"（取其"重生"之意）。经过两组成员多番磋商后，该计划的第一阶段内容议决如下：

一、目标

1. 杜绝学生在上课时做出骚扰他人的行为。

2. 将学生的迟到次数减至五次或以下（按一个学期计算）。

3. 将学生校服不整的次数同样减至五次或以下（按一个学期计算）。

二、方法

1. 辅导组与有关班别的班主任和科任老师开会，务求大家取得共识，对学生的违规行为作出一致处理；情况严重者，即交予辅导组处理。

2. 有关迟到及校服不整的问题由训导组处理和跟进。

三、评估

每两个月做一次评估，可按实际情况而作出调节。

时光飞逝，两个月很快便过去，是做评估的时候了。两组老师发现由于开学初期，学校全体同人个个都忙这忙那，根本没有时间和精力来实行"火凤凰"计划；加上该计划属首次推出，大家在不少方面的标准仍未能达成共识，例如学生会这样质疑老师说："阿 Sir，我们欠交功课一次你就罚，但我们欠交某 Sir 的功课三次，他也没有理会我们。"如此这般，使得这次计划的目标变得遥不可及。

问题虽多，但幸好训、辅两组的老师并没有因此互相指责、推卸责任；相反，大家都采取实事求是的态度，在检讨过后，继续加强合作。半个学期结束后，"目标班别"虽仍未能完全脱胎换骨，化身成为一只"火凤凰"，但以上提出的三大目标，至少已有半数同学能够做到，这正是训、辅两组及有关老师的合作成果。

个人反省

* 你曾否因与某人/组别合作不来而成互相指责呢？你认为这样可以解决问题吗？

具体实践

* 请记着：任何合作计划或团队工作出了乱子，责任一定不会只在某一方，因此，推卸责任是一种不成熟的行为表现。

扫黄三人行

团结就是力量。

曾经有一段时间，大部分任教于中二、三年级的老师，几乎每天都发现有一至两个同学在上课期间偷看色情书刊或暴力漫画。单在一个星期，老师便可没收到为数差不多达二十本的有关书刊。训导处为了阻止这股风气蔓延，于是与辅导组和图书馆商议，共谋大计。计划内容大致如下：

一、辅导组推行性教育及其他辅导工作。

二、图书馆推行益智课外书籍阅读鼓励计划。

三、训导处加强巡查，学生如有上述违规行为，立即加以处理。

定下计划后，各部门便各就各位，各尽其职。首先，辅导组向中二和中三年级的男女同学，分别进行性教育讲座，又为他们举办了一连串活动，包括角色扮演、讨论会及辩论会等，借此加强学生在性方面的知识，给他们一个正确的性观念。

图书馆方面，他们除了大量购入一些益智图书外，还在班主任课向同学推介这些书籍，并用奖励的方法吸引他们阅读，例如举办阅读龙虎榜、书籍介绍比赛和读书报告比赛等。结果，在图书馆以及全体中文科老师的协助和校方赞助奖品的推动下，中二、三年级十二班共约五百名学生之中，借书率几近 50％，可谓史无前例。

在图书馆、辅导组及训导组三方面的努力之下，三个多月来的辛劳渐见成效。现在，这两个年级里，阅读色情书刊或暴力漫画的学生已寥寥无几。

个人反省

* 当你处理学生问题时，有没有利用学校的其他资源帮助你解决问题呢？

具体实践

* 在寻求别人帮助的同时，也要帮助别人。

你的补充

最佳单位领导人

只要愿意付出关爱，
你身旁的世界便会明亮起来。

——艾伦·柯汉

不要小看课间休息的短短几分钟，对一群"调皮鬼"而言，这是他们在"无王管"的情况下，趁机呼吸"自由空气"的大好时刻。不过，世事无绝对，这其中也可"发掘"到一些"稀世奇珍"，遇上一些乖巧程度令全城教育工作者感动不已的班别。

中一C班便是其中一个好例子，他们不但没有在课间休息时造反，反而懂得珍惜每分每秒。很多时候，这班的班长都会利用这短短的时间，有秩序地与全班同学讨论班务，例如班刊的事宜。他们依次地讨论班刊的内容、编排方法、封面设计、负责人员名单、装订和出版日期等，条理尚算清楚。对中一学生来说，已是相当难能可贵的了。

我被他们的自律以及班长的领导才能深深吸引了。我想，为何中一C班的秩序会有如此超水准的表现呢？究其原因，要归功于他们的班主任 Miss 李。教学经验老到的 Miss 李，在开学时已与学生约法三章，订下双方皆可接受的课堂规则；此外，她又经常与学生

144

一起讨论班务，例如：怎样做板报？怎样推动全班的学习风气？怎样保持良好的课堂规则？……还有同学生日，会举行生日会庆祝；有同学病倒了，会发动全班同学写慰问卡，甚至组队前往医院探望。

　　上行下效，一片守礼、互相关心及自主积极之风便自自然然地传遍整个中一 C 班。原来成功的班集体背后也有个成功的女人。

个人反省

＊如果你是班主任，在秩序方面，你会给自己班多少分？若是不及格的话，到
　底是他们冥顽不灵、无法管治？抑或是自己疏于职守、教导无方呢？

具体实践

＊尝试每一两个月便与自己班的学生举办一次联谊或交流活动，以促进师生间
　的感情。

你的补充

黑猪与白兔

事情不会改变，改变的只是你的看法罢了。

——卡罗·卡斯坦妮达

在教学上，课堂管理是非常重要的。如果老师无法驾驭那帮"调皮鬼"，无论老师如何才高八斗、博览群书，一切都是徒然。学校为了帮助老师制造一个适合教与学的课堂环境，于是便推出一个名叫"黑猪与白兔"的课堂秩序计划。

计划内容很简单，只要老师觉得某班的课堂秩序表现良好，便可在完成该节课后，给予该班白兔一只；相反，表现欠佳时，便给黑猪一只。所有白兔、黑猪统统会记录在一本由校方特别炮制的记录簿内，每季统计结果一次，并毫无保留地将之张贴在学校大门上，让全校每一个师生都可以清楚地看到。这样的手段，对于早已"看透名利"的高年级同学而言，的确作用不大；但对于仍热衷于"争名逐利"的低年级同学来说，却颇有效果。

某年，中一E班来了个初出学堂的年轻女教师当班主任。由于老师缺乏课堂管理的训练和经验，该班在开课后一个月，仍然是一片"混沌"。课堂秩序一天比一天差，老师的嗓音则一日比一日沙哑，学生对"黑猪与白兔"计划好像完全免疫似的。

到了十一月，该计划的第一季成绩公布了，我特意请中一E班的同学去看看那令人"惨不忍睹"的结果。他们三个月内拿了不到十只白兔，黑猪则一大筐；对比冠军的班级，人家却拿了差不多五十只白兔，足足是他们的五倍。看罢，我便请他们在班主任课讲出自己的感受，有些说很惭愧，有些则说很难过、很受侮辱，有些同学更誓言要重振声威，不能被其他班的同学看不起云云。

经过这次"冲击"，这个班的同学愿意与班主任重新订立课堂规则，并严格执行。到第二季成绩公布的时候了，中一E班虽仍与冠军无缘，但却拿到了二十多只小白兔。

个人反省

* 你曾遇到过课堂秩序差劣的班级吗？你当时如何应付？

具体实践

* 尝试为孩子制造一些成功的经验，使他们内在的能力得以发挥出来。

你的补充

杯盘狼藉在校园

教育并非"孤独"的专业。

顺应家长的强烈要求，学校自去年起便实施中一学生留校午餐的的计划。总结过去一年来的成效，我们发现中一学生去年在午饭时间的犯事记录几乎为零，如此美事，在以前简直连做梦也想不出来。从这个角度看，留校午餐的计划是成功的。

借着这个计划，不但可以避免学生在外误交损友，还有以下三大好处：一、训练学生怎样排队取饭盒、用餐完毕后怎样清洁自己的桌子及处理废物，从而养成良好的生活习惯；二、班主任偶然会走进教室，与同学们一起午餐，借此增进师生感情；三、避免学生在外吃到一些不洁的食物，影响健康。

其实，这个计划得以落实并且推行成功，家长教师会实在功不可没，因为他们早在半年前已开始着手筹备：接洽有执照的午饭供应商、协议饭盒价钱、商量食物的包装和运送……此外，到了九月计划正式推行时，家长教师会还成立特别的监察小组，定期巡查食物的质量、保温程度和卫生情况等。总之，由筹备到实际推行，他们都亲力亲为，务求做到尽善尽美。

不过，该计划还有一个令人稍为不满意的地方，便是饭后学生聚集在校园内无所事事。为了避免这个漏洞，辅导、训导及课外活动组便破天荒地首度携手合作，安排一些"饭后活动"给中一的同学，例如电影欣赏、棋类比赛、编织班、图书班等等；为避免加重老师的负担，这些活动全由领袖生筹划及执行。

在老师、家长和学生多方面的配合之下，中一学生留校午餐计划相信一定可以取得更大的成效。

个人反省

* 当你为学生订下一些规则或推行某个计划时，是否会为他们提供一些配套设施或计划，使之更趋完善？

具体实践

* 尝试找一两次机会与学生一起午餐，从中你定可领略到不少乐趣。

你的补充

"偷"得有道理

障碍无法将我击败，
任何障碍都因坚定的决心而瓦解。

——里奥纳得·达文西

　　每年开学，最令训导组头痛不堪的事，便是校园的清洁问题。如果想知道学校的食物部有什么牌子的食物和饮品出售的话，只要到篮球场及风雨操场低头一看，便可一清二楚。我们曾动员各部门应付，例如：派"秘密警察"在校内四处巡查，加强监控；老师日复一日地在早会上作出呼吁；工友增加清洁校园的次数……但全都无功而返。

　　最后，诡计多端的训导处终于想出一个绝世妙计，便是请领袖生在课间、午饭及放学后三个时段，用手提摄像机偷拍那些乱扔垃圾的同学，然后将之播放给当事人看。为了做得光明磊落一点，我们先向全体同学宣布这项计划，并千叮万嘱叫他们要自律，因一经被摄像，便会受到处分。类似的宣告，我们做足一个星期，然后从第二个星期起，我们的摄影师便正式出动，埋伏在暗处，誓要将校园"垃圾虫"的丑态——拍摄下来。

　　一个星期过去了，领袖生拍摄到有四条"垃圾虫"乱扔垃圾，训导处当然要杀一儆百，大肆教诲及惩罚，并同时赞扬偷拍计划的成功。基于人类羞于面对自己丑态的天性，再加上训导处杀鸡儆猴的招数，这次行动只实行了一个多月，学校的清洁情况已明显地改善。就这样，我们只动用了很少的人力和物力，在短时间内便将这个多年来的"死结"轻易地解决了。

个人反省

＊你是否会不遵守交通信号灯横穿马路，又或者随处乱扔垃圾？若会，你认为自己凭什么令学生遵守学校及社会上各式各样的规则呢？

具体实践

＊凡事必有它的解决方法；一个人想不出来时，多找几个智囊共同商议吧！

你的补充

读书笔记

读书笔记

读书笔记

读书笔记

读书笔记